ein Ullstein Buch

ein Ullstein Buch
Nr. 20538
im Verlag Ullstein GmbH,
Frankfurt/M – Berlin – Wien

Ungekürzte Ausgabe

Umschlagentwurf:
Hansbernd Lindemann
Umschlagfoto: Art & Co

Taschenbuchausgabe mit Genehmigung
der claassen Verlag GmbH, Düsseldorf

Printed in Germany 1985
Druck und Verarbeitung:
Clausen & Bosse, Leck
ISBN 3 548 20538 0

Juni 1985

CIP-Kurztitelaufnahme
der Deutschen Bibliothek

Jakobs, Karl-Heinz:
Das endlose Jahr: Begegnungen mit
Mäd / Karl-Heinz Jakobs. –
Ungekürzte Ausg. – Frankfurt/M; Berlin;
Wien: Ullstein, 1985.
(Ullstein-Buch; Nr. 20538)
ISBN 3-548-20538-0

NE: GT

Karl-Heinz Jakobs

Das endlose Jahr

Begegnungen mit Mäd

ein Ullstein Buch

Da es nicht Zweck der Strafe ist, sich zu rächen, sondern den Täter und seinesgleichen durch ein Beispiel zu bessern, so sind die strengsten Strafen für Verbrechen zu verhängen, die einer feindlichen Gesinnung gegen die Regierung entspringen.
Thomas Hobbes, 1588 bis 1679, Leviathan

Verbrechen ahnden die Utopier mit Zwangsarbeit, weil sie für Verbrecher nicht weniger hart, für den Staat dagegen vorteilhafter ist, als würde man die Schuldigen eilends abschlachten. Wer sich aber bei dieser Behandlung widerspenstig und aufsässig verhält, wird wie ein wildes Tier totgeschlagen.
Thomas More, 1478 bis 1535, Utopia

Die Sonnenstaatler versuchen, den Angeklagten zu überzeugen, und reden auf ihn ein, bis er selbst die Todesstrafe anerkennt und wünscht, daß sie an ihm vollstreckt werde. Bei Verbrechen gegen den Staat, gegen Gottlose oder die obersten Behörden erfolgt die Hinrichtung sofort und ohne Erbarmen.
Tommaso Campanella, 1568 bis 1639, Der Sonnenstaat

Inhalt

Wozu leben?

Das Jahr ist nicht bekannt, in dem ihr Vater in einem entlegenen ostpreußischen Dorf das Torffeld erwarb. Um 1910 muß es gewesen sein, und als Anfang des Krieges in Berlin die Geschäfte schlechter und schlechter gingen, bis sein kleiner Handel ganz zusammenbrach, nahm er seine Familie und floh mit ihr nach Masuren, denn er dachte, mit Torf sei jetzt das große Geld zu machen. Doch wieder hatte er sich verrechnet, und wieder war er pleite.

Da wollten die Mutter und die Kinder weg aus dem Kaff und zurück nach Berlin, und jeden Tag gab es Streit zwischen den Eltern deswegen. Sie beschimpften und schlugen sich, und jedesmal, wenn er nicht weiter wußte, zog der Vater den Revolver und legte ihn auf die Mutter an. Der Bruder schrie und weinte und wollte die Eltern trennen, doch der Vater schüttelte ihn ab, daß er in die Ecke flog. Darauf entwand die Mutter dem Mann die Waffe, richtete sie auf ihn. Der Bruder wieder: Nicht schießen! Mäd aber, fünfzehn Jahre alt damals und einige Jahre jünger als er, sagte nur: Laß sie sich doch gegenseitig abknallen, zum Donnerwetter.

Mit diesem Leben war sie fertig. Aus Protest, aus Opposition zu alldem, trug sie weder Hut noch Mütze. Das war das äußere Zeichen ihrer Verachtung aller Normen, sie lachte nur, wenn die Leute auf der Straße sich nach ihr umsahen und sich empörten. Doch als ihr Freund fiel im Dezember 1914 und kurze Zeit danach ihr Bruder Hans, da wollte sie nicht mehr. Sie hatte beide über alles geliebt. Nun, da es sie nicht mehr gab, wozu leben? Sie holte den Revolver aus dem Versteck, den sie aus lauter Haß schon den Familienrevolver nannte, legte sich die Mündung vorsichtig in den Mund und drückte ab. Die Ladung ging nicht los. Entschlossen spannte sie nochmals den Hahn, setzte die Mündung an und drückte ab. Angeekelt warf sie den Revolver weg. Umsonst die Qual ihrer Kindheit, als die Eltern sich gegenseitig umbringen wollten mit einer Waffe, die nicht funktionierte. So. Also keine Hoffnung. Gut, dann Barrikaden. Als ich sie kennenlernte, war sie alt und herrisch.

Ganz früh im Jahr fuhr ich Mäd hinaus in den Schrebergarten, wo die überwinternden Pflanzen freizulegen waren. Die Dachrinne war undicht, die Beeteinfassungen zerbrochen, und der Schornstein zog nicht. Fünf Jahre sind seitdem vergangen, sie ist dreiundachtzig und schrieb: Ich habe in der Zeit unserer Trennung so viel erlebt, daß kein Brief ausreichen würde, wollte ich alles erzählen. Und leider viel Böses. Eine Zeit spielte ich mit dem Gedanken, zu Ihnen zu fliehen. Ich bin entsetzlich einsam. Doch jetzt ist es gut.

Wieso einsam? Wer wollte ihr Böses? Ihre Freunde tot, ja. Aber ihre Partei war doch da, der sie alles gegeben hatte. Oder war die etwa auch schon tot? Als die noch nicht existierte, war Mäd schon auf der Suche nach ihr. In ihrer Wohnung, schneeweiß gestrichen mit Zahnpulver, weil es 1917 keine Farbe gab, beschlossen sie und ihre Freunde: wir gehn in den Spartakus. In der USPD waren sie längst. Aber wo finden wir Spartakus?

Sie fanden ihn und wurden Kommunisten. Im Lehrervereinshaus sprach Rosa Luxemburg, Ledebour ihr zur Seite. Einen blödsinnigen Hut hatte die auf. Warum, um Himmels willen, kam die als Rednerin zu einer politischen Versammlung mit einem solchen Hut? Und was für eine altmodische Bluse die anhatte.

Mäd kam von den Wandervögeln und der Entschiedenen Jugend, sie verachtete diese bürgerlichen Verkleidungen. Was hat sie sich über den Hut der Rosa geärgert. Die sprach auch nicht gut, sagte sie, aber Arbeiter waren da, lauter Arbeiter im ganzen Saal, die alle hinterher die Internationale sangen, ja, die gab's damals schon, stellen Sie sich das mal vor.

Seit sie den Revolver auf sich gerichtet hatte, erschienen ihr die Jahre, die noch folgten, als ihr zweites Leben. Das wollte sie nicht vergeuden mit Mode, Karriere, Kinderkriegen, Ferien, Plauderei und Schwoof. Man muß sein Wissen erweitern, um es in der Revolution einsetzen zu können, die schon auf der Stufe steht und gleich eintreten wird. Sie packte ihren Rucksack mit Flugblättern und machte sich zu Fuß auf den Weg nach Wien, um den Generalstreik zu unterstützen.

Auch mit dem Mann, den sie heiratete, war es nicht einfach so: verliebt, verlobt, und sie sind Mann und Frau. Nein, Karczi war ungarischer Revolutionär aus der Räterepublik, und sie wußte, er wird nicht bei ihr bleiben, er geht nach Ungarn zurück in den Widerstand, illegal. Sie schnappten ihn aber. Er kriegte fünf Jahre, und als die um waren, folgte er ihr nach Moskau, wo sie schon eine Weile lebte, denn es war 1935 inzwischen, und die Nazis waren an der Macht.

Was sie erzählte, war nicht gleich begreifbar. Wo will sie gewesen sein? Magadan? Schmeiß mal die Landkarte rüber, nein, ich meine den Globus, dreh mal, da, wo im hohen Norden und dem Fernen Osten Europa und Asien zu Ende sind und nur noch eine schmale Wasserstraße uns von Amerika trennt, mußt du suchen, da, wo die Halbinseln Tschuktschen und Alaska einander fast berühren wie in Michelangelos Sixtinischer Kapelle Gottvaters ausgestreckter Finger des ersten Menschen schlaffe Hand, da hat sie ihre schöne Jugend verplempert.

Übers Ochotskische Meer will sie gefahren sein? Was hatte sie da verloren? Hatte sie nicht eben erst in Moskau ihren Ehemann begrüßt? Wie bitte? Was hatte sie eben gesagt? Ich hätte wohl besser hinhören sollen. Allerdings ging auch alles ziemlich durcheinander in ihrem Bericht. Wer sollte das alles auseinanderhalten: Mit Hanns Eisler in Wien, sie kuschelt sich auf seinem Sofa, während er Mahler singt: »Das Lied von der Erde«, und irgendwo nördlich von Magadan will sie Schritte schwerer Stiefel auf Holzplanken gehört haben, wie reimt sich das zusammen?

Ich gab vor, es nicht verstanden zu haben, das heißt, ich hatte sehr wohl verstanden, nur mußte ich erst mit dem bösen Wort fertig werden, eben hatte sie es wieder ausgesprochen, das zu ihrem täglichen Wortschatz gehörte, als sie noch Kind war, und das sie auch in ihrem zweiten und eigentlich erfüllteren Leben nicht mehr loswurde.

Erschießungen, sagte sie, jede Nacht waren Erschießungen, wissen Sie nicht, was Erschießungen sind?

Da kam also jede Nacht, um wieviel fing es an? um zwölf, demnach kam also jede Nacht um zwölf das Kommando. Die Frauen in den Baracken…

Alles Frauen? fragte ich.

Natürlich, sagte sie, was denn sonst? Es war doch ein Frauenlager, wissen Sie nicht, was ein Frauenlager ist?

Jedenfalls hörten im Frühling die Frauen im Zwangsarbeitslager jede Nacht die Soldaten auf den Planken schon von weit, wenn sie kamen, um zum Erschießen abzuholen. Im Winter war der Boden hart gefroren, und der Schnee dämpfte ihre Schritte. Wenn dann das Kommando anrückte, hörte man es nicht kommen. Dann ging unvermittelt die Tür auf, die Soldaten verteilten sich in der Baracke. Namen wurden verlesen. Wer nicht gleich begriff, dem wurde mit dem Kolben nachgeholfen. Bis die aufgerufenen Frauen draußen waren: Tür zu! Ruhe!, vergingen wenige Minuten.

Weshalb wurden die erschossen? fragte ich.

Woher soll ich wissen, weshalb? sagte sie, vielleicht, weil die Norm nicht erfüllt wurde, vielleicht, weil Erster Mai war, vielleicht, weil Oberst Garanin sich gedacht hatte, man müßte mal wieder hundert erschießen, ich weiß es nicht, sagte sie, eine Zeit dachten wir, es gehe nach der Nationalität.

Oberst Garanin? fragte ich.

Ja, sagte sie, der Nachfolger von Bersin. Bersin war schon schlimm, aber Oberst Garanin war wahrscheinlich krank, ein mittelalterliches Ungeheuer. Am Ende, hieß es, sei er mit Flugzeug und Goldsäcken geflohen. Nach Amerika wahrscheinlich. Ich bezweifelte es, und Mäd meinte: Vielleicht eine Finte der GPU.

Um was zu vertuschen?

Na, alles. Frauen aus Rumänien, Holland, Finnland, Deutschland waren in die Zwangsarbeitslager an der Kolyma verschickt worden. Litauerinnen waren unter ihnen, Estinnen, Zigeunerinnen, Polinnen, alle, die nach Moskau geflohen waren. Denn: in der Heimat wurden sie als gefährliche Revolutionäre steckbrieflich gesucht. Und im Frühling, wenn die Erde taute und alles nur noch Sumpf war ringsum, wurden Planken über den Morast geworfen. Wenn dann das Kommando kam, hörte man die Schritte von weit: Wumm-Wumm-Wumm-Wumm-Wumm.

Weit und fern fing es an: Wumm-Wumm-Wumm-Wumm-Wumm. Ganz leise zuerst, aber die Frauen hörten es schon. Sie lagen still da und lauschten auf die Schritte des Kommandos, die lauter und lauter wurden. Bei welcher Baracke blieben die Schützen stehen? Blieben sie bei der vorderen Baracke stehen, dann war für eine Weile Ruhe, dann wurde die erste Gruppe Frauen weggebracht, und das Kommando kam erst nach ein oder zwei Stunden wieder. Ging aber das Kommando bei seinem ersten Fischzug an der ersten Baracke vorbei, an der zweiten vorbei, an der dritten, vierten, ging es auch an der eigenen vorbei, dann war alles gut, dann versanken die Frauen gleich in Tiefschlaf. Aber blieb das Kommando vor der eigenen Baracke stehen, dann war das Zittern groß. Dann passierte es schon, daß eine mal den Verstand verlor.

Wieviel Frauen waren denn im Lager? fragte ich.

Ach, was weiß ich, das kann kein Mensch sagen.

Tausend? fragte ich.

Was, tausend? Haben Sie eine Ahnung.

Zehntausend?

Ich weiß es nicht, zehntausend? Achwo.

Na, ungefähr, sagte ich.

Vielleicht zehntausend, wer zählt denn die? Außerdem verschwanden Tausende, und Tausende neue kamen hinzu.

Wunderbare Gebilde von Eisblumen, Palmen gleich

Ich begriff nichts. Weder begriff ich, wovon sie andauernd redete, noch begriff ich, wozu sie es mir erzählte und was sie von mir wollte. Am 3. Januar 1977 hatte sie mir geschrieben: Einige Jahre seit 1937 habe sie auf Kolyma gelebt, sie kenne meine Bücher und glaube daher, daß es mich vielleicht interessiere. In Magadan sei sie nur kurze Zeit gewesen, »auf Etappenweg«, von dort kam sie zunächst zu dem damals weitest vorgeschobenen Punkt der Trasse, zur Goldschürfe »Bolschewik«.

Über Kolyma, schrieb sie, und ich las es erstaunt, ist ziemlich viel geschwindelt worden, in der »Neuen Berliner Illustrierten« zum Beispiel, wo sie in einem Bildbericht faselten, der Grundstein zum Bau der Stadt sei am 14. Juni 1938 gelegt worden. Die Erde ihrer Umgebung werde das Gold liefern, das die Sowjetunion dringend zur Deckung ihrer Importe benötige, und dergleichen Käse mehr. Magadan stand bereits im Sommer 1937, schrieb sie rechthaberisch, und Gold wurde da längst tagtäglich ausgeflogen.

Als ich es las, dachte ich, meine Güte, ein Jahr früher oder später, wen interessierten diese sibirischen Feinheiten?

Ich würde mich freuen, schrieb sie, wenn Sie dieses heikle Thema anpackten, lohnen würde es sich, und Mut haben Sie ja. Es gibt übrigens noch mehr »alte Kolymaer«, einige sogar, die länger dort waren als ich und überlebt haben.

Was sollte ich von einem solchen Brief halten? Der Stil war herb und männlich, und da der Vorname mit »M.« abgekürzt war, dachte ich zuerst an einen Mann vom Typ: Holzfäller in Kanada! Erdölbohrer in Alaska! Da der Brief »mit sozialistischem Gruß« endete, dachte ich: ein parteitreuer deutscher Goldschürfer im nördlichsten Teil Sibiriens, wie er dort hingekommen war, was er erlebt und gesehn hatte, ja, das interessierte mich.

Die sozialistische Floskel am Schluß störte mich, denn in eben diesem Monat Januar, in wenigen Tagen nämlich, würde man mich des Verrats bezichtigen und aus der Partei werfen, die der Goldschürfer von der Kolyma, wie ich den Briefschreiber schon nannte, »mit sozialistischem Gruß« zitierte. Wüßte er, was mit mir los ist, würde er eher seine Fingernägel beschneiden als mir solche Briefe schreiben.

Lieber Herr, antwortete ich und meldete mich zu einem Besuch bei ihm an, zuerst wollte ich ihm zuhören und ihm dann meine Lage schildern. Ja, schrieb er zurück, er sei gut informiert über mich und meine Möglichkeiten, selbstverständlich stehe er mir mit Informationen zur Verfügung. Ihm jedenfalls würde in einem Roman kein solcher Fehler unterlaufen, daß er schriebe »wunderbare Gebilde von Eisblumen, Palmen gleich, an den Fenstern im Tschuktschen-Land«. Dort gebe es nämlich keine Eisblumen am Fenster, informierte er mich, und wieder fiel mir seine Rechthaberei auf, hatte ich etwa von Eisblumen, palmengleich, an den Fenstern der Tschuktschen geschrieben?

Ich fragte eine Person, die meine Werke besser kennt als ich. Nein, sagte die, noch nicht. Also spielte der Goldschürfer auf das Werk eines anderen an, Gott sei Dank. Im Tschuktschen-Land friere nämlich das Eis in dicken Klumpen an der Fensterscheibe fest, informierte er mich, ich war schon froh, daß er Fensterscheiben im Tschuktschen-Land überhaupt zuließ, und wenn man »Fenster putze« immer zu zweit, schütte der eine kochendes Wasser von außen gegen das Glas, und der andere reiße die Eisklumpen runter.

Das nur als Beispiel zum Thema »eisblumenmalender Frost«, schrieb der Goldschürfer. Oder ein anderes sibirisches Vorurteil: Wölfe. Die gebe es sonderbarerweise auf Kolyma nicht, aber Bären, auch Spatzen gebe es dort nicht, viele andere Vögel ja, er habe mal eine Kartothek aller dort lebenden Vögel zusammengestellt, das sieht ihm ähnlich, dachte ich verärgert, wahrscheinlich wollte er sich wappnen gegen die dummen europäischen Romanschreiber, die andauernd von Eisblumen an den Fenstern im Tschuktschen-Land faseln und von Spatzen.

Ich kann also nicht sagen, daß ich mit den freundlichsten Gefühlen losgefahren war, meinen Goldschürfer zu besuchen, fünf Treppen hoch ohne Lift, rechts, hatte er mich brieflich eingewiesen, und als ich klingelte, war ich neugierig zwar, doch auch ein wenig eingeschüchtert, jedenfalls nahm ich mir vor: nicht widersprechen, reden lassen, denkst dir deinen Teil, einer, der Gold geschürft hat an der Kolyma, weiß bestimmt alles besser. Der kleinen, zarten, alten Dame, die da öffnete, stellte ich mich erleichtert vor, in ihrer Gegenwart wird er mich vielleicht schonen, und sagte, ich würde gern ihren Mann sprechen, ich sei mit ihm verabredet.

Hätte ich mich um Schönheit gekümmert,
wäre ich verreckt

Aber nein, sagte die zierliche, weißhaarige Dame, verabredet sind Sie mit mir.

Weil doch der Brief mit M Punkt unterschrieben war, sagte ich.

Das steht für Mäd, sagte sie, oder Mädchen, Mädelchen, ganz, wie Sie wollen.

Weil Sie geschrieben hatten, Sie haben Gold geschürft, sagte ich.

Das stimmt, sagte sie, und nun begrüße ich Sie, Genosse Jakobs.

Das mit dem Namen ist schon richtig, sagte ich, aber das andere Wort, das Sie noch nannten, das trifft auf mich nicht mehr zu.

Sie müssen lauter sprechen, sagte Mäd, ich bin ein bißchen schwerhörig, was hatten Sie gesagt?

Ich bin nicht mehr in der Partei, schrie ich, daß es im Treppenflur hallte.

Ach, sagte sie, hat man Sie rausgeschmissen?

Ja, sagte ich.

Wann denn?

Letzte Woche.

So schnell, sagte sie, ich hab das ganze Affentheater in der Zeitung verfolgt, herzlichen Glückwunsch zum Rausschmiß, besorgt sah ich mich im Treppenhaus um, natürlich, schrie sie, die Wände haben Ohren.

Können wir nicht reingehn? fragte ich verlegen.

So lernte ich Mäd kennen, die achtundsiebzig Jahre alt war damals und mit der mein Schicksal seitdem verknüpft ist. Eine Begegnung, aus der eine Freundschaft entstand, aber damals, früh im Jahr 1977, war ich nur irritiert. Sie kam mir so hinfällig vor, daß ich mich gleich anbot, ihren Garten in Ordnung zu bringen, als sie klagte, er verkomme ganz. Sie hatte eine rauhe, männliche Stimme, war eigensinnig und herrisch. Ich quälte mich in ihrem Garten ab, und alles, was ich tat, war falsch in ihren Augen, so daß ich schon dachte, nun aber ist genug, nun hau ich wohl besser ab. Ich sollte für die Beeteinfassungen nicht die kaputten Schieferplatten nehmen.

Was denn?

Na, Dachpappe.

Und was ist mit den Schieferplatten?

Die heben wir auf.

Wozu?

Wer weiß, wozu, warten Sie's doch ab, wir finden schon was.

Also nahm ich Dachpappe. Damit aber hinterher nicht alles krumm und schief wurde, verlegte ich die Pappe sauber nach einer Bohle, stabilisierte die Pappe mit zierlichen Pflöcken, und was bekam ich zu hören?

Den ganzen Vormittag haben Sie nichts anderes getan, als mit Ihrer Pappe zu spielen.

Aber, Mäd, sehn Sie doch mal, wie schön das aussieht.

Wozu soll es denn schön aussehen, zum Donnerwetter? Beeteinfassungen haben einen einfachen Sinn: sie sollen verhindern, daß der Regen die Erde wegspült. Und was machen Sie?

Ein Garten aber hat, fing ich nochmals an, er soll doch auch schön sein.

Sie hob die Hände, blickte zum Himmel, als ob sie von dort wer weiß was für kräftige Hilfe gegen mich erwarte, aber dann hätte sie nicht schon als Vierzehnjährige aus der Kirche austreten dürfen, wahrscheinlich fiel es ihr dann wohl selber ein, denn sie ließ die Hände fallen, aber so, als würde sie auch gleich mich fallen lassen, und sagte:

Ich bin neunzehn Jahre in Sibirien ohne Schönheit ausgekommen, hätte ich mich um Schönheit gekümmert, wäre ich dort wohl verreckt.

Sie hatte mir Stunden und Stunden von ihrem Sibirien erzählt, aber begriffen hatte ich nicht viel.

Schließlich faßte ich mir ein Herz und fragte, was hatten Sie denn getan, daß man Sie nach Sibirien verschickte?

Ich? fragte sie erstaunt, na, nichts.

Man kommt nicht ohne Grund ins Lager, sagte ich.

Natürlich gab es Gründe, sagte sie, Hunderte von Gründen gab es, mich ins Zwangsarbeitslager zu verschicken.

Welche?

Was weiß ich, sagte sie, vielleicht wegen konterrevolutionären Denkens.

Nun machen Sie aber 'n Punkt, sagte ich.

Lobpreisung amerikanischer Demokratie, sagte sie, konterrevolutionäre trotzkistische Tätigkeit oder vielleicht auch bloß als Familienmitglied.

Denn ihr Mann, erklärte sie, sei führendes Mitglied der ungarischen Kommunistischen Partei gewesen, der auch gleich verhaftet worden war. Oder man hatte sie verschickt, weil sie Deutsche war oder weil sie im Plechanow-Institut arbeitete, das war die Ausbildungsstätte der höheren Militärs.

Erschossen wurde jede Nacht

Die wurden doch damals alle erschossen, sagte sie, Zehntausende von hohen und höchsten Offizieren, und da sollten die vor einer kleinen Lehrerin haltmachen?

Sie sei damals nicht gleich erschossen worden wie die andern Lehrkräfte bis hin zum Institutsdirektor, einem ehemaligen engen Mitarbeiter Lenins, weil sie noch keine Gelegenheit hatte, allzu große Verbrechen zu begehen. So kam sie ins Zwangsarbeitslager für zehn Jahre. Als diese Zeit um war und sie schon hoffte, entlassen zu werden, bestellte man sie ins Büro und legte ihr einen Zettel vor, den sie unterschreiben sollte.

Mäd, sagte ich, was erzählen Sie mir da.

Denn ihren Worten nach müßte es so gewesen sein, daß die Lagerhäftlinge im Büro des Natschalniks einen Vordruck zu unterschreiben hatten, auf dem sie beantragten, ihre Strafe wegen der Schwere des Verbrechens um weitere fünf oder zehn Jahre zu erhöhen.

Erschossen wurde jede Nacht, sagte sie, aber an den Vorabenden höchster Feiertage starben zehnmal mehr als sonst. Dem Ersten Mai, Stalins Geburtstag und dem Jahrestag der Oktoberrevolution sahen sie immer mit Schrecken entgegen. Nacht für Nacht wurden die Häftlinge zur Baracke mit verschärftem Arrest abgeführt, immer große Gruppen, die meisten wurden gleich dort abgeknallt, die andern in der Schlucht.

In der Baracke mit verschärftem Arrest standen die Gefangenen eng aneinandergepreßt, und immer mehr wurden hineingetrieben, zu Hunderten standen sie da, die sich den Atem gegenseitig ins Gesicht bliesen, bis sie herausgeholt wurden, weggeführt wurden, liquidiert wurden, es gab da eine Schlucht.

Ach, sagte sie, warum darüber schreiben?

Ich weiß nicht, ob ich darüber schreiben sollte, sagte ich, ich verstehe nichts davon.

Wir waren dazu übergegangen, den Kassettenrecorder laufen zu lassen, während sie erzählte. Zu Hause in

Falkensee hörte ich mir dann die Bänder an, schrieb sie ab, verglich das Geschriebene mit dem Erzählten und wurde doch nicht schlauer. Weshalb wurde erschossen und weshalb vor höchsten Feiertagen die zehnfache Zahl?

Ich verstand es nicht, und als ich Mäd fragte, sagte sie, auch sie wisse es nicht. Die einzige Erklärung wäre gewesen, Unschuldige zu opfern, um die Götter zu besänftigen. Manchmal an vertrackten Stellen ihrer Erzählung sagte sie, ich solle das Tonbandgerät anhalten, als sei das, was sie mir zu sagen habe, nicht einmal der Maschine zuzumuten.

Es gab da eine Schlucht, sagte sie leise und rückte den Stuhl näher, es gab da eine Schlucht.

Nicht, daß man mich im Januar als Verräter entlarvt hatte, war mein Problem, mein Problem: was war das für eine Partei, der ich beigetreten war, als sie meine Hilfe erbat. Ich hatte mich ihr angeschlossen aus Mitleid. Weil sie so verstoßen war, weil sie so verachtet wurde, weil sie häßlich war. Sie hatte ihr abstoßendes Wesen selbst erkannt und nannte sich daher: Partei neuen Typus. Daß eine Person an ihrer Spitze stand, die man nur mit Ekel anhören konnte, war ein historisches Unglück, es gab andere Personen, die Hochachtung und Bewunderung verdienten, an denen wollte ich mich orientieren. Nun war die Zeit gekommen, ihren Zustand zu analysieren.

Dreißig Jahre Beobachtungszeitraum hielt ich für ausreichend. Nicht wie sie sich mir gegenüber verhielt, sollte beurteilt werden, sondern ihr allgemeiner Zustand. Mit welchen Personen umgab sie sich, wer sind ihre Repräsentanten und wer ihre Mitläufer. Ich wollte nicht über Mäd schreiben, doch stellte ich eines Tages fest, schriebe ich über sie, so sagte ich Wesentliches aus auch über die Partei. Mäd sollte entscheiden. Mein Urteil sollte nicht härter ausfallen als ihres.

Der einzige Mensch, dem ich ein maßgebliches Urteil zutraute, war sie. Würde sie nachsichtig sein, so hatte ich kein Recht, zu verurteilen. Das war die Situation im Jahre 1977, als der Schnee gerade anfing zu tauen und ich den Erzählungen der Frau lauschte, die mit sechzehn ihr Leben wegwerfen wollte und im selben Augenblick ein zweites Leben begann, das ein erfülltes werden sollte.

Sedow, wer ist das?

Wie es angefangen hatte? Wann? Wo? Hohenzollernstraße, 1918 etwa? Schulterzucken. Sentastraße? Die Kommune in der Villa Klatt? Sentastraße ja, Villa Klatt nein, Glatzer Bergland auch nein, aber Wittfogel, ja, unbedingt. Als sie bei ihm Platons »Der Staat« durcharbeiteten, kamen die dort versammelten jungen Leute einmütig zu dem Schlusse: Nieder mit dem Staat, pardon, nieder mit diesem Staat.

In der Sentastraße, wer war da alles? Fritze Klatt und Edith Mischke, Margret Ahrends und Hanne Richter, beide Naumburg, Paul Gutfeld, genannt Pegu, Elsbeth Kühnen und Alfred Kurella, Willi Wolfradt, Hans Koch, Titus Tautz, Rudolf Leonhard und Susanne Köhler, Sabine und Renate Harttung, Namen und

Namen, für sie lebhafte oder verschwommene Erinnerungen. Manchmal tauchte ein Name nur für ein einziges Mal aus der Vergangenheit auf, und manchmal konnte sie Interieurs beschreiben:

In der Sentastraße, hochparterre, gleich links an der Treppe, öffneten die Schwestern Harttung, die einander sehr ähnlich sahen, ähnlich vielleicht nur, weil sie die Haare im gleichen Ponyschnitt trugen. Die Wohnung groß, wem sie gehörte, weiß sie nicht mehr. Sie kannte nur das Vorderzimmer, wo der Flügel stand. Pleyel. Die Gardinen an den Fenstern waren immer zugezogen. An der Wand gegenüber hing ein expressionistisches Bild von Kurella, viel Grün, viel Zinnoberrot, sehr groß. Für mich waren die Namen Orientierungshilfen: Kurella, 1956 bis 1958 in Leipzig mein Lehrer, er und Elsbeth Kühnen hatten eine gemeinsame Tochter namens Jo. Titus Tautz war Redakteur einer Zeitung, bei der ich volontierte. Mit Rudolf Leonhard war ich im selben Schriftstellerverband, und die Bücher seiner Frau Susanne, geborene Köhler, und seines Sohnes Wolfgang, heute USA, halfen mir, was Mäd erzählte, zu begreifen.

Ihrem Lehrer Wittfogel wurde zum Schicksal, daß er ein Konzept von Marx und Engels aufgriff, in dem sie die sozialökonomische Formation einer »orientalischen Despotie« analysierten: Dem europäischen Feudalismus, in dem sich das Privateigentum zu entfalten begann, stellten sie die »asiatische Despotie« entgegen, wo sich unter einer allmächtigen zentralen Staatsgewalt in den isolierten Dorfgemeinschaften Privateigentum nicht entwickeln konnte. Ein verblüffender Gedanke, denn er ließ den Schluß zu, daß nach der Abschaffung des Privateigentums nicht automatisch eine sozialistische Staatsstruktur entstehe, sondern möglicherweise zunächst eine »asiatische Despotie«. Trotzki hat auf die asiatische Despotie Stalins hingewiesen.

So etwa schließt sich der Kreis von Wittfogel, der später Professor in Amerika wurde, über dessen sozialistischer Despotismus-Theorie zu Mäd, die nach dem Buchstaben-Paragraphen KRTD abgeurteilt wurde, das bedeutete konterrevolutionäre trotzkistische Tätigkeit, und die neunzehn Jahre ihres jungen Lebens für nichts und wieder nichts in Zwangsarbeitslagern und in der Verbannung büßte.

Mit Trotzkismus will sie nichts zu tun gehabt haben, Trotzkist, sagte sie, war ein Schimpfwort in den zwanziger Jahren, das vielleicht die Ideologen begriffen hätten, aber doch nicht die einfachen Mitglieder. Erst im Lager will sie die Zusammenhänge erfaßt haben. Aber Wittfogel, der sie so instruierte, daß es sie aus dem Schulungsraum direkt auf Barrikaden zog, sollte, was Trotzki betrifft, nichts bei ihr erreicht haben? Es war die Angst des Gläubigen vor der Versuchung. Sogar, als wir allein beieinandersaßen, fühlte sie sich belauscht.

Im Lager, sagte sie leise, da war meine beste Freundin Shenja, machen Sie mal das Tonband aus, und als ich es ausgeschaltet hatte, fragte sie, ist es jetzt aus?

Ja, sagte ich.

Wenn Sie nach München kommen, müssen Sie unbedingt Bronska-Pampuch besuchen, die war auch bei uns, die hat einen Roman über Shenja geschrieben, frei natürlich, alle Daten bis zur Unkenntlichkeit verändert, aber ich weiß, daß es Shenja ist, über die sie geschrieben hat, notieren Sie sich den Namen: Wanda Bronska-Pampuch, »Ohne Maß und Ende« heißt der Roman über Shenja. Shenja hat, kommen Sie doch mal näher ran, damit ich nicht so schreien muß, ich rückte den Sessel näher, nein, sagte sie, nicht so dicht, wir müssen uns doch nicht den Atem gegenseitig ins Gesicht blasen, also rückte ich den Sessel wieder ein Stück weg, Shenja nämlich, sagte sie leise, hat zehn Monate mit Sedow zusammengelebt.

Sedow, sagte ich, wer ist das?

Solche Fragen waren nicht ungefährlich, denn schon einmal hatte sie bei einer Frage, die meine Unwissenheit preisgab, das Gespräch abgebrochen. Schweigend hatten wir einander gegenübergesessen, und es hatte lange gedauert, bis sie weitersprach:

Sie sind so sehr viel jünger als ich, sagte sie, und Sie wissen so vieles nicht.

Vielleicht fiel ihr bei meiner Frage nach Sedow die damalige Szene ein, denn ungeduldig sagte sie:

Wer soll das schon sein, Trotzkis Sohn natürlich.

Im Vernunftsstaate sind alle Diener des Ganzen

Mit ihm hatte Mäds Freundin zehn Monate zusammengelebt. Shenja war Textilingenieur im Ural gewesen, dort hatte sie Sedow kennengelernt, sie damals frei, er in Verbannung. Für jeden Monat mit ihm, so

klagte sie manchmal, habe sie ein Jahr im Zwangsarbeitslager gebüßt, das gemeinsame Kind nahmen die Behörden ihr weg.
Im Lager dann hatte sich ein Häftling in sie verliebt, ein junger Pole, der schönste Mann weit und breit, Mäd hatte immer Wache gestanden, wenn die beiden sich liebten, eines Tages war er weg. Das Kommando hatte ihn abgeholt, Shenja schrie vor Verzweiflung. Sie hatte sich an Mäd geklammert, und umschlungen saßen die beiden Frauen damals draußen Nacht für Nacht. Es war verboten, nachts die Baracke zu verlassen, sie wären erschossen worden, hätte der Posten sie entdeckt. Später tat sie sich mit einem Ingenieur zusammen, und als ihre Zeit um war, folgte sie ihm in die Verbannung. Eine wunderschöne Frau, sagte Mäd, sie lebt heute in Tallinn.
Manchmal bei ihren Erzählungen fragte ich mich, in welchem Jahrhundert befinden wir uns? Nächstens wird noch das öffentliche Köpfen eingeführt.
Würden Sie Ihr zweites Leben anders einrichten nach den Erfahrungen von neunzehn Jahren Strafarbeitslager und Verbannung, wenn Sie die Zeit zurückdrehen könnten?
Aber nein, sagte sie. Im Kampf um die Befreiung der Entrechteten gebe es keine Alternative. Doch würde sie nicht noch einmal in die Sowjetunion fliehen, um sich vor Faschisten in Sicherheit zu bringen.
Wohin dann?
Nirgendwohin. Es sei ihr Irrtum gewesen, zu glauben, man könne irgendwohin fliehen. Oder ob ich vielleicht ein Land kenne, das Schutz biete.

Erinnerungsbruchstücke: In der Bibliothek des Ministeriums, wo sie im letzten Kriegsjahr angestellt war, um Gesetzblätter zu ordnen und abzuheften, lernte sie eine Frau kennen, deren Mann eingesperrt war wegen Kriegsdienstverweigerung und der einem Prozeß wegen Hochverrats entgegensah. Sie machte Mäd mit antimilitaristischer Literatur bekannt.

Erinnerungsbruchstücke: Diskussionsabende bei Grünwald, der das Reformgeschäft in der Linkstraße am Wannsee hatte, wo auch Carlson verkehrte, der Flüchtling aus dem Estnischen, und wo sie die deutsche Literatur durchnahmen: Kellermann, Leonhard Frank, die Romantiker, Thomas Mann, Rilke, Ricarda Huch und all die anderen, bis Mäd eines Tages fragte, ob ihr nicht einer sagen könne, was eigentlich mit den Spartakisten los sei, von denen so viel hinter vorgehaltener Hand geredet wird. Grünwald schmiß sie achtkantig raus und machte seinen Diskutierklub dicht, Spartakisten in meinem Haus, so weit kommt's.

Sie sei von Clara Zetkin in die KPD aufgenommen worden, versichert sie. Als ihr Name als neues Mitglied aufgerufen wurde, stieg sie nicht auf einer der beiden seitlichen Treppen zur Tribüne empor, sondern stemmte sich aus lauter Eifer und weil es schnell gehen sollte, an der Balustrade hoch, Knie aufgesetzt zwischen die beiden mickrigen Blumen am Rand der Tribüne, mit dem andern Fuß nachgeschoben, die Hand, die ihr hilfreich entgegenkam, soll die von Clara Zetkin gewesen sein, wer weiß, wie es in Wirklichkeit war, in ihrer Erinnerung jedenfalls ist es so.

Es waren sensible, wissensdurstige und heruntergekommene Lehrlinge, Dichter, Verkäuferinnen, Schauspielerinnen und arbeitslose Gesellen mit umstürzlerischen Zielen: Es sollen erst alle satt werden und anständige Wohnungen haben, ehe einer es wagen dürfte, die Wohnung luxuriös einzurichten. Es sollen erst alle bequem und warm gekleidet sein, ehe einer sich prächtig kleidet. Ein Staat, in dem Armut in der Landwirtschaft herrscht, in dem Handwerker fehlen, darf sich keinen Luxus erlauben.

Wenn einige sich alles leisten können und die Mehrheit gar nichts, so war das schon seit den Zeiten von Thomas More und Campanella ein Unrecht, sie entnahmen denselben Gedanken den Schriften des preußischen Philosophen Fichte: Im Vernunftsstaate sind Alle Diener des Ganzen und erhalten dafür ihren gerechten Anteil an den Gütern des Ganzen. Keiner im Vernunftsstaate kann sich sonderlich bereichern, aber es kann auch keiner verarmen. Es war so einfach, von Wittfogel aufgehetzt, aus dem Schulungsraum zu rennen und sich nach Barrikaden umzuschauen. Nieder mit diesem Staat, das war klar und einleuchtend, aber welchen Staat setzt man an die Stelle des alten? Eigenartige Ideen gingen um, beispielsweise:

Johann Gottlieb Fichte – Der geschlossne Handelsstaat – eine Ausarbeitung zum Thema, in welchem Staat man leben könnte: Der Vernunftsstaat. In allen bekannten offenen Staatssystemen, so argumentierte der preußische Staatsphilosoph, gibt es freien Waren- und Informationsaustausch. Der Bürger selbst treibt Handel und verbreitet Nachrichten, wie es ihm gefällt. Jedermann kann nach einigen mehr oder weniger komplizierten Formalitäten das Land verlassen und es jederzeit wieder betreten. Hat der Staatsbürger die Absicht, den Wohnort zu wechseln, so kann er es tun, hat er die Absicht, eine Bank zu gründen, so braucht er nur sein Kapital vorzuweisen, und die Sache geht in Ordnung. Mit einem Wort: er lebt in Freiheit.

Gold und Silber sind nur wertloses Metall

In allen bekannten offenen Staatssystemen, mit verfassungsmäßig garantierter Freiheit, argumentierte Fichte, ist aber in Wirklichkeit niemand frei, denn da jeder versucht, die eigene Freiheit weitestgehend zu nutzen, behindert er den anderen am vollen Genuß der Freiheit. Je stärker du bist, desto freier bist du auch, eine Schwäche kannst du dir nicht leisten. Je schwächer du bist, desto weniger Freiheit hast du. Je mehr der einzelne seine eigene Freiheit durchsetzt, um so mehr unterdrückt er die Freiheit des anderen.

Darin aber sah Fichte ein Unrecht. Es sei Unrecht, sagte er, daß einer sich alles leisten kann, während der andere nicht einmal das zum Leben Notwendigste besitzt.

Und er sagte: In einem offenen Staatssystem, wo jeder tun und lassen kann, was er will, ist es nicht möglich, Freiheit einzuführen. Denn Freiheit, das könne nur sein: gleiche Freiheit für alle. Jeder im Staate soll gleich frei sein. Keinem soll es gestattet werden, auf Kosten anderer einen größeren Teil Freiheit an sich zu raffen.

Daher fragte er sich, wie der Staat beschaffen sein müßte, wenn er die von ihm aufgestellten Forderungen erfüllen soll. Und er verkündete: Nur der geschlossne Handelsstaat ist in der Lage, jedem Staatsbürger die gleiche Freiheit zu sichern, dem einen wie dem andern, ohne Ausnahme.

Als erste Maßregel zur Vorbereitung des geschlossnen Handelsstaates, den Fichte auch den »Vernunftsstaat« nannte, muß der Staatsbürger nach und nach davon überzeugt werden, daß die bisherige Währung, Gold und Silber, nichts anderes ist als wertloses Metall. Dieser in der ganzen Welt gültigen Währung, dem Weltgeld, muß die Regierung eine andere Währung entgegensetzen, ein Landesgeld sozusagen, das nur im eigenen Land einen Wert hat.

Von einem bestimmten Zeitpunkt an darf kein Bürger mehr im Besitze von Weltgeld sein. Der Staat richtet besondere Wechselkassen ein, in denen der Staatsbürger das wertlose Weltgeld in das kostbare Landesgeld umtauschen kann. Es soll aber nicht vom guten Willen der Untertanen abhängen, ob sie sich das neue Landesgeld anschaffen und ihr Gold und Silber dafür hergeben oder nicht: Sie werden zum Umtausch gezwungen. Der Staatsbürger hat auch keine Möglichkeit, den wahren Wert des Landesgeldes zu überprüfen. Die Regierung gibt den Wert bekannt, und jedermann werde es ihr glauben müssen.

Nach diesen Vorbereitungen wird der geschlossne Handelsstaat gegründet. Im Augenblick seiner Konstituierung rückt der bisherige Staat in seine natürlichen Grenzen ein. In einer einzigen und letzten ruckartigen militärischen Aggression besetzt der sich konstituierende Staat alle Gebiete, die ihm geographisch, kulturell und ethnisch unbestreitbar zustehen, und im gleichen Impuls der Gewalt schließt der Staat hermetisch die neuen Grenzen. Kein Ausländer wird von nun an ins Land gelassen, und kein Bürger darf das Staatsgebiet verlassen.

Es gibt nur wenige Ausnahmen in dieser totalen Abschnürung von der Außenwelt. Künstler, Gelehrte und Beamte dürfen zu gegebenem Anlaß im Auftrag des Staates und in beschränktem Umfang vorübergehend das Land verlassen. Fichte selbst hätte reisen dürfen. Und Ausländer, die von Wichtigkeit für den geschlossnen Handelsstaat sind, dürfen in Ausnahmefällen herein und können, unter Aufsicht, ihrer verdienstvollen Arbeit zum Wohl des Landes nachgehen. Darüber hinaus muß den Untertanen jeder Verkehr mit Ausländern verboten werden.

Von nun an übernimmt die Regierung den gesamten geschäftlichen und wirtschaftlichen Verkehr mit dem Ausland. Alles, was im Lande gebraucht und verkauft wird, ist im Lande erbaut und geschaffen worden und umgekehrt, alles, was im Lande hergestellt wird, dient nur der Versorgung der eigenen Bevölkerung. Feste Preise garantiert die Regierung. Jedermann hat ausreichend zu essen, jedermann hat denselben Anspruch auf Wohnraum.

Der Staat garantiert jedem Staatsbürger seinen Arbeitsplatz. Das heißt aber auch, der Staat kann nicht dulden, daß es Leute gibt, die tun und lassen wollen, was sie für richtig halten. Wenn der Staat jedem das

Recht auf Arbeit garantiert, so hat er auch das Recht, jedermann auf den Platz zu stellen, auf dem er für den Staat das meiste leistet.

Keiner im Land kann sich sonderlich bereichern, aber es kann auch keiner verarmen. Waren und Gegenstände, die der Mode dienen, werden ganz und gar verboten. Alle Reisen dienen, wie schon gesagt, dem Wohl des Staates, der auch die Kosten dafür trägt. »Der müßigen Neugier und Zerstreuungssucht«, so predigte Fichte in seiner Schrift vom geschlossnen Handelsstaat, »soll es nicht länger erlaubt werden, ihre Langeweile durch alle Länder herumzutragen.«

Keine Armut also im von Fichte entworfenen Idealstaate, kein Mietwucher, keine Arbeitslosigkeit, aber auch keine Zerstreuungen, kein Reichtum, es sei denn, der geschlossne Handelsstaat prosperiert so sehr, daß alle Bürger reich werden, und zwar alle gleich reich. Es sei klar, so meinte Fichte, daß unter einer derart geschlossnen Nation, deren Mitglieder nur untereinander und mit Fremden gar nicht leben, eine besondere Mentalität entsteht. Das werden Menschen sein, die ihr Vaterland lieben, da es ihnen so unerhörte Wohltaten bietet.

Immer mehr Menschen verschwanden über Nacht

In einem solchen Land wird ein neuer, noch nirgendwo beobachteter Nationalcharakter entstehen, der geprägt ist von Stolz auf die eigene Leistung und von Bewunderung für die Regierung. Es ist den Untertanen klar, daß die Regierung ihr Wohltäter ist. Deshalb braucht sie selten zu strafen, denn die Hauptursache von Vergehen sei beseitigt: Da niemand Not leidet und da niemand Angst vor der Zukunft hat, ist keiner daran interessiert, den anderen zu betrügen. Der Antrieb, sich persönliche Vorteile durch List und Gewalt zu sichern, entfällt. Niemand will einem Mitbürger schaden und dem Staat sowieso nicht. Wer wird sich gegen einen Staat erheben, der so viel für die Allgemeinheit getan hat wie der geschlossne Handelsstaat?

Künstler und Gelehrte spielen in diesem philosophischen System eine merkwürdige Rolle. Zunächst wird ihre Zahl nach den Bedürfnissen des Landes drastisch begrenzt. Doch die vom Staat zugelassenen Künstler und Gelehrten haben mannigfache Privilegien: Essen und trinken wird ihnen reichlicher und in besserer Qualität zugebilligt, und sie kleiden sich feiner als der Bauer beispielsweise. Denn wie Fichte sehr richtig bemerkte, würde eine reinliche Kleidung den Bauern bei der Arbeit nur stören. Bei dem in der Kunst oder der Wissenschaft Tätigen dagegen sollen die Sauberkeit und das Edle, die in seinem Innern herrschen, auch äußerlich erkennbar sein.

Andererseits darf der Künstler oder der Gelehrte nicht einfach drauflos schreiben, erfinden, gestalten, entwerfen, bilden oder reden, sondern seine Arbeit im geschlossnen Handelsstaat hat sich nach dem zu richten, was der Allgemeinheit nützt, und was der Allgemeinheit nützt, das nützt auch dem einzelnen.

Da dieser Staat so vollkommen ist, daß alle Bürger

sich wohl fühlen, fällt ein großes Sujet der Literatur weg, die Gesellschaftskritik. Da die Bürger alle in Eintracht miteinander leben, ist auch ein anderes Sujet unmöglich, der gesellschaftliche Konflikt. Da jeder Arbeit und Brot hat und nicht exmittiert werden kann, gibt es auch den psychologischen Individualkonflikt nicht mehr.

Kriege gibt's nicht mehr, also auch keine Bücher mit Kriegsthematik. Es gibt auch keine großen Lebensläufe zu gestalten, da alle im Lande nach und nach dieselbe Art zu leben angenommen haben. Da alle Verhältnisse im geschlossnen Handelsstaat konfliktfrei geworden sind, so bleibt dem Dichter nichts anderes übrig, als sie zu lobpreisen, es sei denn, er zieht es vor, zu lügen.

Vor allem muß die Regierung gelobt werden, die das alles zum Wohle des Staatsbürgers erdacht hat und die auch weiterhin allein das Wohl des Volkes im Auge behält. Eine Gehässigkeit wäre ihr weder zuzutrauen, noch hätte sie es nötig.

Mit dem Bild eines Idealstaates vor Augen kam Mäd nach Moskau, und siehe, was Philosophen und Dichter in früheren Jahrhunderten vorausgedacht hatten, war hier Wirklichkeit geworden. Sie war der Armut im arbeitslosen Deutschland entflohen, hatte sich mit Müh und Not dem Zugriff der SA entziehen können und wurde im Vaterland der Werktätigen mit Hochachtung und Freude empfangen, endlich konnte sie ohne Angst vor der Zukunft ihre Talente entwickeln.

In kürzester Zeit machte sie ihr Diplom als Militärdolmetscher. Ihre Aufgabe wurde es, hohe und höchste

Militärs im Deutschen auszubilden. Die Totenwache am Sarg von Clara Zetkin hielt sie zusammen mit Radek und Kamenew. Sie veröffentlichte ein Lehrbuch der deutschen Sprache. Wäre sie nicht so begeistert gewesen, hätte ihr der Gedanke kommen müssen: Gut und schön, der Vernunftsstaat, aber was geschieht mit den Menschen, die sich ihm widersetzen?

Fichte und vor ihm More und Campanella haben das Problem zwar gesehen, doch einer Antwort wichen sie aus: Welcher vernünftige Mensch würde sich gegen die vernünftigen Zustände im Vernunftsstaate erheben? Verbrecherische Dummköpfe höchstens. Als in Moskau die ersten Verhaftungen bekannt wurden, hatte sie eben diesen Gedanken. Sie war alles das, was der Vernunftsstaat von seinen Bürgern erwartete, sie war gesund, kühn, jung, schön, sittsam, klug und ergeben.

Immer mehr Menschen ihrer Umgebung verschwanden über Nacht, und Mäd staunte über deren Heimtücke, denn offensichtlich war es ihnen gelungen, lange unerkannt zu bleiben. Es war ihnen gelungen, sich ins Vertrauen so vieler argloser Menschen zu schleichen. In Wirklichkeit verbargen sie hinter sympathischem Äußeren die Seelen von Schakalen. Sie selbst wurde am 20. Januar 1937 verhaftet und war sich keiner Schuld bewußt.

Wochenlang bangte sie um ihr Leben zusammen mit zweihundert anderen Frauen in einem Gefängnissaal, der für höchstens fünfzig Personen geeignet gewesen wäre, und durchdachte ihr Leben. Wann hatte sie gegen Einheit, Reinheit und Geschlossenheit der Partei verstoßen? Als ihr kein Vergehen einfiel, war sie überzeugt, ihre Verhaftung sei nichts als ein schrecklicher Irrtum.

Radek fiel ihr ein. Ja, zum Donnerwetter, das war's. Sie hatte Radek gekannt, und das legte man ihr zur Last. War sie denn nicht wirklich ein abgefeimter Schurke? Hatte sie nicht für Geld privat seine Tochter unterrichtet, von der sie heute noch sagt: Eine abscheuliche Person. War sie nicht stolz gewesen, als es hieß, sie werde an Radeks Seite Totenwache an der Bahre von Clara Zetkin halten? Als sie nach acht Wochen zum ersten Verhör geholt wurde, war sie ihrer Sache bereits sicher und bereit zur Buße.

Es ist wegen Radek, sagte sie zum vernehmenden Beamten, nicht wahr?

Beruhigen Sie sich, sagte der Beamte, wenn es wegen Radek wäre, hätten wir Sie schon vor einem Jahr erschießen müssen.

Noch größer aber als Mäds Naivität vor dem Vernehmungsbeamten war meine eigene, als sie mir das alles erzählte.

Manchmal kriegen wir Mehl im Laden zu kaufen

Was habe ich gelitten, während sie erzählte, manchmal war ich schweißnaß, wenn ich ihre Wohnung verließ, und manchmal hatte ich den Wunsch, sie möge mich hinauswerfen.

Lesen Sie diesen Brief, sagte Mäd eines Tages, er kommt aus Minussinsk.

Ja, sagte ich, das kenne ich.

Nichts kennen Sie, sagte Mäd, schon gar nicht Minussinsk.

Von Taischet, sagte ich, bin ich mit der Eisenbahn durchs Sajangebirge nach Abakan gefahren, und wer in Abakan war, der ist schon fast in Minussinsk.

Es gibt keine Eisenbahn, sagte sie, und ich dachte, sie wüßte noch nichts von der neuen Linie, und fing an, ihr die Besonderheiten zu erläutern.

Was reden Sie da, rief sie, es gibt keine Bahn, es gibt keinen Sajan, es gibt kein Minussinsk, das Sie kennen könnten. Beim Wort Abakan habe sie vermißt, daß ich mich bekreuzige, das sei nämlich üblich bei Leuten, die das Wort kennen. Nun erklärte ich, eingeladen sei ich gewesen. Niemand, sagte sie, werde dorthin geladen, nach Minussinsk oder Abakan werde man kommandiert. Ich blieb bei meinem Wort und behauptete, man habe meine Reise verhindern wollen, aber ich ließe mir nichts verbieten.

Lächerlich, sagte Mäd.

Ich sei auch in Tschernogorsk gewesen, prahlte ich, als sei Tschernogorsk im Tuwinischen ein zweites Rio de Janeiro.

Machen Sie sich doch nicht lächerlich, zum Donnerwetter, rief sie.

Auch die Mündung des Kasyr kenne ich.

Nein, sagte sie, kennen Sie nicht, lesen Sie den Brief.

Den Kasyr dort, wo er in den Jenissej fließt, sagte ich, und sie:

Nirgendwo sind Sie gewesen, nichts wissen Sie, und nichts kennen Sie, lesen Sie den Brief.

»Seien Sie gegrüßt, Marja Awgustowna«, schrieb kürzlich die Lehrerin aus Ladansch ihrer ehemaligen Kollegin mit russifiziertem Vor- und Vatersnamen: »Lange haben wir von Ihnen nichts gehört. Ich dachte schon, Sie sind für immer weg. Nun haben Sie mir einen Kalender geschickt, und ich sehe, Sie sind noch da. Im Dorf gibt es allerlei Neuigkeiten. Sie erinnern sich sicher an Njura, der Sie das neue grüne Kleid bestickt haben. Vor kurzem ist sie gestorben.

Wir leben jetzt nicht schlecht. Manchmal kriegen wir Mehl im Laden zu kaufen, und Zucker gibt es fast immer. Butter allerdings nicht. Wegen Butter, da müssen wir zur Baustelle einkaufen fahren, wo jetzt die Minussinsker Station gebaut wird. Zu uns ins Dorf bringt man die Butter noch nicht. Graupen gibt es verschiedene Sorten, und ganz gute Sachen zum Anziehen kauft man im Magazin. Aber um was zu kriegen, muß man entweder lange vorher bestellen oder Schlange stehen.

Wir haben jetzt einen guten Kinomechaniker und neue Kinoapparaturen, kriegen Bücher zu lesen und Journale...«

Verzeihen Sie, sagte ich, Sie haben recht, ich habe keine Ahnung von Minussinsk, diesem elenden Nest.

Was reden Sie da? rief sie erzürnt, Minussinsk ist kein Nest.

Von Herzen gern hätte sie dort gelebt, ganz zu schweigen von Tschernogorsk oder Abakan gar, aber sie hatte minus 9, sie beugte sich über den Tisch, zeigte auf den Kassettenrecorder und legte den Finger an den Mund, widerstrebend schaltete ich das Gerät aus.

Aber ich war natürlich in Tschernogorsk und in Abakan auch, sagte sie mit Verschwörerstimme, heimlich, das darf niemand wissen.

Wann war das? fragte ich.

1950, sagte sie.

Mäd, sagte ich, wir schreiben 1977.

Sie machte eine Handbewegung, um anzudeuten, wie wenig Zeit die Jahre von 1950 bis 1977 sind im Angesicht der Historie.

Es fiel mir schwer, zu begreifen, was minus 9 bedeutet. Nach dreizehn Jahren in sibirischen Strafarbeitslagern war sie entlassen worden, sie kam aber nicht frei, sondern wurde zu ewiger Ansiedlung verurteilt, wo sie weitere Jahre blieb.

Ewige Ansiedlung, fragte ich, was ist das?

Verbannung, sagte sie, bis ans Lebensende.

Im Lagerbüro hatte der Mann vage auf die Landkarte gedeutet, dahin sei sie verbannt. Abakan, hatte sie ausgerufen, wenn es möglich wäre, dort möchte sie hin. Nein! hatte der Mann im Lagerbüro gesagt, Abakan sei Hauptstadt minus 6, Mäd aber habe minus 9. Dann hatte sie Tschernogorsk als ewige Ansiedlung erbeten, nein! Tschernogorsk sei Kreisstadt minus 7, Minussinsk? Nein, das sei Kreisstadt minus 8, Mäd aber habe minus 9, damit müsse sie sich abfinden.

Sie wurde dem Dorf Ladansch zugewiesen, weit von Minussinsk, Tschernogorsk und Abakan entfernt, dieser Ort und sein Umkreis von zwanzig Kilometern sei minus 9, das Gebiet dürfe sie nicht verlassen. Vielleicht werde ihre ewige Ansiedlung bei guter Führung von minus 9 auf minus 8 oder auf minus 7 gar verringert, zunächst aber müsse sie nach Ladansch, und das, da solle sie sich keine Illusionen machen, für eine unabsehbare Zeit von Jahren.

Die meisten Sowjetbürger, erläuterte Mäd, hatten damals minus 1, das bedeutet, es war ihnen verboten, die Unionshauptstadt Moskau zu betreten. Wer minus 2 hatte, durfte nicht in die Republikhauptstädte. Mit minus 3 waren dem Bürger die Gebietszentren untersagt, und ganz im Sinne des von Fichtes geschlossnem Handelsstaat ging die Skala der Einschränkungen persönlicher Freiheit weiter mit minus 4 bis minus 9.

Als sie abgeholt wurde am 20. Januar 1937, ahnte sie, daß ihre Untersuchungshaft lange dauern würde. Gute Gründe sprachen dafür: Das NKWD hatte viel zu tun, denn der Klassenfeind gab sein Ziel nicht auf, die Sowjetmacht zu stürzen, und das mußte verhindert werden. Dann war es, leider, notwendig, die verhaftete Person genau zu überprüfen. Der Feind darf nicht durch allzu sorglos geknüpfte Maschen schlüpfen, und bis unter den vielen verhafteten Feinden der Freund erkannt worden war, konnten Monate vergehen. Hinzu kam, daß der Staatsapparat, leider, etwas schwerfällig arbeitete. Ein Jahr, dachte sie, ein Jahr wird es wohl dauern, bis alles geklärt ist und sie wieder frei wäre, bereichert durch die Erfahrung der Wachsamkeit.

Ein Jahr, was ist das schon? Da beißt man die Zähne zusammen und hält durch. Es ist schwer, den Zustand zu ertragen, unschuldig eingesperrt zu sein, aber schließlich, zum Donnerwetter, wozu ist man Revolutionär? Wo gehobelt wird, fallen Späne. Traurig, wenn man selbst zum Abfall geworfen wird. Auch war es schmerzlich, geprügelt zu werden. Es war nicht so sehr der körperliche Schmerz, der weh tat. Der war zu ertragen. Doch der seelische Schmerz: Genossen, warum schlagt ihr mich?

Ein Jahr hatte sie der untersuchenden Behörde innerlich eingeräumt, das war eine kurze Zeit, und das war eine lange Zeit. Eine kurze Zeit angesichts der Revolution und eine lange Zeit angesichts der Folter. Danach aber wäre sie ein freier und unbescholtener Mensch. Wenn nur die Ungewißheit nicht gewesen wäre in all den vielen langen Wochen.

Die Wochen dehnten sich zu drei Jahren, zu vier, und immer noch sprach sie sich Mut zu: Es war ein Irrtum. Wie konnte man sie einen Verräter nennen? Sie wußte doch nichts, was sie hätte verraten können. Ja, wenn sie große Geheimnisse gekannt hätte. Dann hätte es ihr eingeleuchtet, daß man sie vorsorglich isolierte. Sie war nicht ohne Einsicht. Natürlich hat die Partei das Recht, einen möglichen Verräter festzunehmen. Wo kämen wir hin, wenn nicht das gesunde Mißtrauen bliebe? Doch ein Geheimnis, das sie hätte verraten können, kannte sie nicht.

So schmerzlich vom parteilichen Standpunkt es auch war: man hatte ihr kein Geheimnis anvertraut. Schon deswegen war sie unschuldig. Selbst mit der größten kriminellen Energie wäre es ihr nicht gelungen, zum Verräter zu werden, es sei denn, sie hätte etwas erfunden... Auch nach neun Jahren noch dachte sie so: Es ist nur ein Jahr. Das vergeht. Ein Jahr, und mag es noch so lang sein, was ist das schon.

Auch als sie zu lebenslanger Verbannung begnadigt

wurde oder, wie es im Russischen heißt, zu ewiger Ansiedlung, verzagte sie nicht, sogar das, was da Ewigkeit hieß, war nur der Vorraum der Freiheit. Irgendwann einmal wird es sich herausstellen, daß sie unschuldig ist. Dann wäre das Jahr ihrer Prüfung wahrlich zu Ende. Mit diesem Gedanken kehrte sie am 29. November 1956 nach Deutschland zurück. Doch sie merkte es gleich: Die Partei war unversöhnt.

In Holztrögen wuschen wir das Gold

Es ist etwas in ihrem Leben geschehn, das immer ungeklärt bleiben wird, wahrscheinlich weiß sie es selbst nicht, oder sie wollte nicht mehr daran denken, und sie wollte nicht mehr darüber sprechen, auch zu mir nicht. Irgend etwas war in ihrem Leben, das sie ihren Genossen gegenüber verdächtig gemacht hatte. Kein Delikt. An ihrer Treue zur Partei hat es nie einen Zweifel gegeben, zum Verhängnis wurde ihr etwas anderes.

Ihr herrisches Wesen wahrscheinlich. Ihren Eigensinn, ihren Stolz hatten selbst Strafarbeitslager und Verbannung nicht brechen können. Als sie 1956 endlich entlassen wurde aus der Verbannung, als sie rehabilitiert war, als man es ihr in Moskau schriftlich gegeben hatte: kein Verbrechen habe sie begangen, kein Vergehen sei ihr nachgewiesen worden, kein Makel hafte ihr an, da kehrte sie in die Heimat zurück, nach Deutschland, in ihr Deutschland, wo die Überlebenden der faschistischen und stalinistischen Konzentrationslager inzwischen die Macht übernommen und sie am 17. Juni 1953 bereits gegen das eigene Volk verteidigt hatten. Nun wollte auch sie mithelfen, ein anderes Deutschland zu errichten. Endlich ihren Jugendtraum verwirklichen! Doch ihre ehemaligen Genossen wollten nichts von ihr wissen. Sie wollte als Lehrerin arbeiten: Nein! Sie wollte als Dolmetscherin arbeiten: Nein! Sie wollte als Schriftstellerin arbeiten: Nein! Sie wollte in der Hauptstadt arbeiten, in Berlin, wo sie die beste Zeit ihrer Partei geopfert hatte: Nein! Minus 1, sagte sie, kaum war ich wieder in Deutschland, da gaben sie mir minus 1, stellen Sie sich das mal vor.

Denn: sie kehrte nicht gebrochen und auf Knien in die Heimat zurück, sondern krank, aber entschlossen, das neue Leben zu wagen. Alle andern, die Strafarbeitslager und Verbannung überlebt hatten, erschlichen sich stumm und geduckt ihre neuen Karrieren, wurden Bezirksstaatsanwalt, Professorin, stellvertretender Minister, Mitglied des Zentralkomitees. Sie schwiegen von dem, was sie gesehn und erlebt hatten.

Der Bezirksstaatsanwalt, mit achtzehn Jahren von der Schulbank weggeholt und mit achtunddreißig aus dem Strafarbeitslager entlassen, klagt heute unglückliche Menschen wegen ihrer Gesinnung an und bringt sie in den Knast. Die Professorin schrieb ein Buch über ihr Leben, doch mit keinem Wort erwähnte sie ihre zwanzig Jahre dauernde Kolyma. Der stellvertretende Minister ermahnte seine Leidensgenossen, nicht den Glauben an das Gute in der Partei zu verlieren, und der Mann, der Mitglied des Zentralkomitees wurde, bestritt, daß es nur Leiden gewesen seien, es gab sicher auch Freuden im Strafarbeitslager.

So kam es, daß das Jahr ihrer Prüfung, das Jahr der Angst, das Jahr der Leiden heute nicht zu Ende ist. Die Partei, für die sie ihr Leben gegeben hätte und es ihr gab, nahm sie nicht wieder an. Sie wurde aufgenommen in der Partei, doch blieb sie auch als Mitglied verbannt zu ewiger Ansiedlung. Was Mäd zu erzählen hatte, wollte keiner wissen. Deshalb erzählte sie es mir:

Schon lange standen wir früh am Morgen in Fünferreihen am Tor bereit, bis es aufging und sich alles langsam voranschob. Straff ausgerichtet marschierten wir hinaus. Zu beiden Seiten des Tors standen Wachtposten. Die Brigadierinnen meldeten der Lagerobrigkeit die Zahl ihrer Leute. Das wurde mit der Liste verglichen. So rückten wir aus, Brigade um Brigade, zum Straßenbau, die Pickel und Hacken über der Schulter, zum Holzfällen, zum Stapeln und Verladen.

Lange bevor Solschenizyn bekannt wurde, hatte sie ihre kleinen Erzählungen geschrieben:

Das ferne Land Kolyma war wie eine Insel. Nur Schiffe verbanden es übers Ochotskische Meer mit dem »Festland«, dem »Mutterland«, wie wir es sehnsüchtig nannten, Flugzeuge brachten regelmäßig das Gold fort, das hier geschürft wurde von abertausend Gefangenen ohne Maschinen, ohne Gerät.

Mit der Spitzhacke brachen wir das Erz aus dem Fels. Mit bloßen Händen warfen wir es auf die Schubkarren. Mit Schmiedehämmern zerkleinerten wir das Gestein. In Holztrögen wuschen wir das Gold heraus. Diese Arbeit brauchten die Kriminellen nicht zu tun. Sie blieb uns vorbehalten, den Politischen, den Volksfeinden. Wir durften nicht in unseren Berufen arbeiten, als Ärzte, Ingenieure oder was wir sonst alles waren. Nicht eimal zum Tellerwaschen waren wir zugelassen, wir hätten ja die »Freunde des Volkes« vergiften können, unsere Sklavenhalter.

Sie schrieb:

Ich habe niemand, der nach mir fragt. Ich bin allein. Die mich kannten, die ich Freunde, Genossen nannte, haben mich hinausgetrieben. Oder sie sind in der gleichen Lage wie ich, ausgestrichen aus den Reihen der Lebenden. Ich habe niemand, bin tot für die Welt. Aber nein, so einfach gehe ich nicht. Ich kehre wieder, ich werde wiederkehren, um die Bestätigung in Händen zu halten, daß man mich zu Unrecht verurteilt hat, die Rehabilitierung, die Rechtfertigung meines ganzen Lebens.

Haie wurden fett und frech

Sie erzählte:

Wir gingen hinaus aus dem vereisten Zelt. Der Frost schlug uns ins Gesicht, nahm uns den Atem. Vierzig Grad, sagte eine, die andere: Fünfzig Grad, man spürt es am Atem. Die Nasenlöcher waren zugefroren. Nach wenigen Schritten schon war der ganze Wärmevorrat aufgebraucht, und wir froren: Tag für Tag, Woche für Woche, jeden Monat, jahrelang.

Sie erzählte:

Erst, als nach der Schreckensherrschaft des Obersten Garanin die Frauen auf drei Lager verteilt wurden, fanden wir heraus, wieviel wir noch waren. Es waren viel mehr Männer als Frauen umgekommen. Genaue Zahlen kannte keiner.

Sie erzählte:

Im Nähsaal nähten wir KT-Kleidung. KT heißt Katorga, Jacken mit gelbem Ärmel und Hosen mit gelbem Bein. Der alte Name für die Zwangsarbeit in Sibirien aus der Zarenzeit war wiedererstanden. Wieder eingeführt worden war die Katorga-Kleidung. Wieder eingeführt wurden die Ketten, die jeweils fünf Gefangene miteinander verbanden. Während wir Hosen und Jacken nähten mit gelbem Ärmel und gelbem Bein, wünschten wir, diejenigen sollten sie tragen, die sie wirklich verdienten. Die »Freunde des Volkes«, die Verwilderten, die uns quälten, daß wir von Ohnmacht und Grauen geschüttelt wurden. Für sie war es alltäglich geworden, Menschen umzubringen.

Sie erzählte:

Auf dem Schiff trug man Nacht für Nacht Tote herauf und warf sie in das graue, tosende Meer. Die Haie wurden fett und frech. Ihre dunkelglänzenden Rücken schnellten aus dem schmutziggrauen Schaum, wir sahen ihre spitzzähnigen Rachen von der Latrine aus, die weit über Bord hinaus gebaut worden war, in Eile errichtet, ein langes Brettergestell bloß, glitschig die Stufen vom Nebel, vom Schaum der Wogen, die bis zu uns heraufspritzten, wenn wir auf der Latrine saßen, glitschig von der Scheiße, die wir unterwegs verloren.

Wir faßten einander an Händen, wenn wir dort hinmußten, um nicht durch die breiten Lücken des Treppenverhaus ins Meer zu rutschen. Und indes wir über den Brettern gebückt standen, mußten wir, ob wir es wollten oder nicht, hinuntersehen, zusehen, wie sie auf uns warteten mit ihren widerlich klaffenden Rachen. Die Nebelsirene heulte unablässig, Tag und Nacht, wir alle waren seekrank, auch die Matrosen. Es war ein böses Meer, bekannt für seine Bosheit.

Sie dichtete aus fremden Sprachen nach, aus dem Kabardinischen, aus dem Lesginischen, und was auch immer sie schrieb, so verschlüsselt es war, immer handelte es vom grausamen Khan, von den Leidenden, von den Verratenen. Sie dichtete nach aus dem Lakischen: Verflucht sei, Khan! – Totenklage um einen Schäfer – Klage um den toten Sohn – Und aus dem Darginischen: Klage einer Frau auf den Tod ihres Mannes – Klage um den nach Sibirien verbannten Sohn – Verfluchung des Khans Mursal – Klage um den gefangenen Bräutigam. Oder dies:

Der gestorbene Freund

Schloß mein Vater grausam mich
fest in unserm Hause ein.
Und die Brüder Hunden gleich
streng bewachen meine Tür.

Eingeschlossen weine ich
da zu dieser gleichen Stund
auf der goldnen Trage man
trägt zur Ruhe meinen Freund.

Grabt kein Grab dem Freunde mein
zwischen all den Gräben dort –
Laßt in einer goldnen Truh
mich den Liebsten betten ein.

Leute, keine feuchte Erd
werft auf meinen Liebsten dort –
Werde aus Rubinen rot
einen Hügel häufen hoch.

Mag kein grauer Grabesstein
über meinem Falken stehn –
Selber stelle ich mich hin
werde nach dem Süden sehn.

Störet seinen Schlaf ihm nicht
mit Gebeten traurig lang –
Werde selber singen ihm
meiner Liebe heißen Sang.

Groß ist der Vater, der Freund, der Erzieher

Sie erzählte:

Spitzhacken wühlen den Grund auf. Schaufeln schütten Schubkarren voll. Schubkarren werden über schmale Bretterstege gestoßen. Haben Sie mal so eine Schubkarre gefahren? Vorn ein Rad, hinten zwei Räder. Gehäuft voll die Karre über schmalen Brettersteg balancieren, schweres Gestein, Felsbrocken: Gold. Tempo! Tempo! Vordermann! Tempo, sonst fahr ich dich in Klump. Denkst du, ich will erschossen werden deinetwegen? Wehe, du stürzt! Wehe, du verlierst die Balance!

Es gibt einen Gott, der sieht alles, der Wachtposten da, mit dem Gewehr im Arm, er schreibt schon den Namen, welchen, das wirst du heut nacht erfahren, wenn das Kommando kommt und dich zum Erschießen holt. Die Karre hinter dir stößt dich voran. Einer stolpert. Nur nicht fallen! Einer stürzt, alle stürzen wie von der Schnur gezogen vom Brettersteg ab. Die Zufuhr stockt, die Zufuhr zum Sieb, zum Goldgesteinsieb.

Hören Sie es brüllen? »Karren«, schreit die Wachmannschaft, »Karren, wo bleiben die Karren?« Die Norm nicht erfüllt. Wer nicht arbeitet, soll auch nicht essen. Hunger! Wenn die Norm nicht erfüllt wird, gibt es nichts zu essen. Wird sie zweimal nicht erfüllt: Einzelhaft. Dunkelhaft. Verschärfte Dunkelhaft. Schließlich: die schon bekannten, jede Nacht erwarteten Schritte von Stiefeln auf den Planken.

Sie erzählte:

Vierzig Gefangene treten die Nachtschicht an, achtunddreißig kommen zurück. Wo sind die beiden geblieben? Eisiges Dunkel. Wer erkennt den Schatten, der sich ein paar Schritte beiseite schleppt? Er ist so schwach, er braucht keinen Schneesturm, um sich für immer davonzumachen. Schweigender Tod. Eisiges Schweigen. Wer unterscheidet dunkel vereiste Felsbrocken von dunkel vereistem Bündel? Menschenbündel. Sieh da, ein Mensch. Kadaver.

Sie erzählte:

»Hinsetzen!« Das Kommando kommt wie ein Peitschenschlag, die Gewehrmündung zielt auf mich. Wozu diese sinnlose Erniedrigung? Sinnlos? Sehr sinnvoll. Ich soll lernen, sofort, jetzt, auf der Stelle soll ich lernen, daß ich kein Mensch mehr bin. Ich soll lernen, daß der Posten die Macht hat, die aus seinem Gewehrlauf kommt. Er hat die Macht, mich zu erniedrigen. »Hinsetzen!« brüllt er. Scharf der Ostwind. Schlamm, Sumpf ringsum. Wer sich nicht setzt, wer sich nicht unverzüglich setzt, wer nicht schon sitzt, bevor der Befehl verklungen ist, braucht nie mehr Befehle auszuführen. Er liegt im Schlamm mit dem Gesicht voran, im Schlamm sein göttlicher Mund.

Sie erzählte:

Endlos die Schneefelder von Kolyma. Wenig Leben gibt es in diesem Winkel der Welt, der größer ist als Europa. Wer in Europa kennt die Kolyma, einen der größten und einen der wildesten Ströme der Erde? Kolyma, Erdteil, von Meeren umspült: Ochotskisches Meer, Nördliches Eismeer. Schon die Namen. Dies ist die reichste Ecke der Welt. Hier liegt das Gold nicht nur auf dem sandigen Grund der Flüsse, hier sind die kegligen Hügel ringsum aus lauter Gold. Endlose Kolonnen von Menschen schleppen sich Jahr für Jahr, jahrzehntelang von Goldberg zu Goldberg. Schiffe und Schiffe bringen neue Menschenmassen aus freundlichen Gegenden übers Ochotskische Meer zur Kolyma. Volksfeinde. Du, Volk, selbst bist der Feind. Und du, der du Nacht für Nacht, dort in jener Schlucht, na, du weißt schon, Stück für Stück das Volk erschießt, du bist der »Freund des Volkes«.

Mäd, was ist mit Ihnen?

Groß ist der Vater, der Freund, der Erzieher! Groß trotz der vielen Feinde, Millionen und abermillionen. Um groß zu sein, muß das Volk ausgerissen werden mit der Wurzel. Überall. Die Studenten müssen weg, die Bauern müssen weg, die Offiziere müssen weg, die alten Revolutionäre müssen weg, die jungen Revolutionäre müssen weg, die Partei muß weg, die Gewerkschaft muß weg. Kinder müssen von ihren Eltern weggerissen werden. Frauen müssen von ihren Männern weggerissen werden, Bauern müssen von ihrem Land weggerissen werden. Die Tataren müssen von ihrer Krim weggerissen werden. Alles, was lebt, muß weggerissen werden. Das heißt es, den Trotzkismus mit der Wurzel auszurotten!

Mäd, ich bitte Sie, regen Sie sich nicht auf.

Die Sonne färbte die endlose Schneewüste in ein noch nie gesehenes Rosa, keinem Maler zugänglich. Der Himmel von einer Farbe, die alle Leuchtkraft japanischer Kunst übertraf. Immer neue Farben traten hervor, je höher die Sonne stieg. Die Kraft der Sonne nahm mit jedem Tag zu, von Stund zu Stund leuchtete der Himmel mehr und wechselte in den unglaublichsten Farben. Die ausgemergelten Frauen, die in kleiner, müder Kette durch das Leuchten schritten, schirmten die Augen mit den Händen ab, um nicht blind zu werden.

»Schneller! Schlurft nicht so!«

Die Wachsoldaten, die Augen verborgen hinter düsteren Schneebrillen, kannten kein Erbarmen.

Als junger Mann habe ich die Mitläufer Hitlers vor allem deswegen verabscheut, weil sie hinterher behaupteten, von Euthanasie und Konzentrationslagern, von Folter und Massenmord nichts gewußt zu haben. Hitler wurde hingestellt als eine Entartung, eine Kinderkrankheit des Faschismus. Rassenwahn und Völkerverachtung seien nicht seinem System immanent, sondern ihm zufällig durch eine historisch besonders unglückselige Personalstruktur aufgepfropft worden.

In Wirklichkeit sei Faschismus international, Juden, Neger, Slaven und Briten könnten durchaus gute Faschisten abgeben. Faschismus sei nichts anderes als die Ideologie der bürgerlichen Gesellschaft zur Abwendung des Todesurteils, das der Marxismus über die beste aller denkbaren Welten verhängt habe. Das historische Unrecht, das dem Faschismus zugefügt werde, bestehe darin, daß er keine Chance erhalten habe, nach Hitlers Niederlage zu beweisen, wieviel Positives für die bürgerliche Gesellschaft in ihm stecke.

Der Anfang dieses Kapitels führt mich in eine Richtung der Argumentation, die voller Fallen ist, am Ende müßte ich Faschismus und Kommunismus miteinander vergleichen, eine Aufgabe, der ich mich nicht unterziehen möchte, aus Angst, zu übereilten Schlußfolgerungen zu gelangen. Deshalb beginne ich dieses Kapitel lieber so:

Ein Kaufmann, von Kano nach Kaduna unterwegs, stellte eines Morgens fest, daß er sich im Wipfel eines riesigen Baobab verirrt hatte, dessen Äste sich nach allen Seiten unendlich verzweigten, und selbst, als er einem Ast bis ans Ende folgte, so fand er doch nicht hinaus, da es nur ein Zweiglein war inmitten üppig wuchernden Geästs. Nachdem er seine Situation begriffen, die Fluchtwege geprüft, die Umgebung besichtigt hatte, sagte er sich: Da ich die neue Situation nicht ändern, ihr auch nicht entfliehen kann, so will ich wenigstens versuchen, das Beste aus ihr zu machen.

In der Situation des Kaufmanns im Baobab befindet sich der Kommunismus heute: Weit von seinem ursprünglichen Vorhaben entfernt, hat er sich nach seinem Erwachen in einer Umgebung wiedergefunden, die er nicht gewollt hat und die er nicht beherrscht. Alles, was er nun noch tun könnte, ist, so zu tun, als sei das Leben im Baobab das eigentliche Ziel gewesen.

Ich habe, als ich erwachte und die Situation erkannte, mich fallen lassen und bin nun raus. Die eigene Schwerkraft hat mich auf die Erde zurückgebracht, ich bin leicht lädiert und immer noch etwas benommen vom Fall, aber froh, daß nun das Leben im Baobab zu Ende ist. Freiwillig kehre ich dorthin nicht zurück. Ich kann jetzt nur meinen Weg zu ebener Erde zu Ende gehen und ab und zu einen Blick zurückwerfen auf den Baum dort, der von fern so anheimelnd und apart aussieht und von dem ich weiß, wie es da drin saust und brodelt.

Viele in meiner Situation, die sich haben fallen lassen und raus sind, die nun mutlos umherirren, gelegentlich sehnsüchtig zurückschauen auf das, was da so mild rauscht, versuchen zu retten, was zu retten möglich ist. Der eine nennt sich einen wahren Marxisten und das Leben im Baum eine Entartung. Der andere schwört auf den demokratischen Kommunismus und sagt, der Baum da, das war der falsche, wartet, ich kenne einen bessern, und der dritte tritt in die spanische KP ein. Ich kann mich heute zum Marxismus verhalten wie zur Bibel: Ich kenne sie gut, ich liebe sie sehr, ich lese drin, sooft ich kann, und bin entzückt von ihrer Lebenswahrheit und ihrem Gedankenreichtum, aber ich geh nicht in die Kirche, denn ich glaub nicht an die Heilige Schrift.

Es scheint, als sei dieses Kapitel besonders schwer für mich, denn auch der zweite Ansatz für einen Anfang sagt mir nicht zu. Deshalb fange ich ein drittes Mal an:

Als Kind hatte ich mich einmal auf der großen Düne von Nidden verirrt. War losgerannt, und als ich mich umsah, nichts ringsum als weißer Sand. Die Schulkameraden waren nicht zu sehen, ihre durchdringenden Schreie waren nicht mehr zu hören. Kein Erwachsener rief, kein Baum war zu sehen, kein Schiff, das kräuslige Haff nicht, die schilfgedeckten Häuser nicht, keine Fußspur, kein Gras und kein Vogel. Ich rannte in die Richtung zurück, aus der ich gekommen war, aber je weiter ich rannte, desto weniger glaubte ich, auf dem richtigen Weg zu sein.

Ich suchte meine Spuren, der feine Sand hinterließ keine. Ich versuchte, mich zu orientieren, alle Dünen ringsum sahen gleich aus. Ich rannte umher, bis ich vor Übermüdung umfiel. Es schien ein leerer und in sich abgeschlossner Raum zu sein, in dem ich mich befand, eingeschlossen von Himmel und Sand. Von jedem beliebigen Ort schien es gleich weit zu sein bis ans Ende. Der Weg geradeaus, so schien mir, führte nach geraumer Zeit zum Ausgangspunkt zurück. Vierzig Jahre hatte ich dieses erschreckende Erlebnis nicht vergessen, als es mir gelang, während einer Reise durch Litauen auch die Kurische Nehrung zu betreten.

Große Düne von Nidden

Nach vierzig Jahren ging ich nochmals den Weg vom Hafen hinauf zur großen Düne. Ich schaute mich nicht um, als ich geradenwegs die hohe Düne hinaufstieg, die kein Ende zu nehmen schien. Ohne mir den Rückweg gesichert zu haben, stapfte ich zwischen den Sandhügeln umher, ohne Rücksicht darauf, die Orientierung vielleicht zu verlieren und mich zu verirren, denn ich wußte, ich würde ohne Mühe den Weg zurück finden. Damit wollte ich mir beweisen, daß meine Angst als Kind grundlos gewesen war. Es gab keine Gefahr, die von der großen Düne ausging.

Als ich glaubte, weit genug in die Düne eingedrungen zu sein, blieb ich stehen und schaute mich um: Es war genau das Bild, das ich vierzig Jahre nicht vergessen hatte, nichts als Sandhügel ringsum, alle gleich. Endlich. Beglückt ließ ich mich in den weichen und heißen Sand fallen. All die Jahre hatte ich darüber gerätselt, wie weit wohl die hohe Düne von Nidden sei.

In meiner Phantasie hatte sie immer gewaltigere Ausmaße angenommen. Immer gefahrvoller war sie mir erschienen, immer einsamer, immer verzehrender, immer unglaublicher, immer grausiger und immer geheimnisvoller.

Ich weiß nicht, wie lange ich lag inmitten der Hügel. Da erhob ich mich, kehrte um und wußte, bald würde ich das Haff sehen. Aber ich entdeckte es nicht, so sehr ich suchte. Weiter und weiter ging ich, Dünen hinauf, hinab, doch das Bild ringsum änderte sich nicht. Da fiel mir ein, es war die falsche Richtung, wie konnte ich nur die Seiten verwechseln.

Ich wollte zurück zu der Stelle, wo ich ausgeruht hatte, doch ich fand sie nicht wieder. Und nun, nachdem ich mehrmals orientierungslos die Richtung gewechselt hatte, ohne daß sich das Bild der Umgebung veränderte, stieg jene Angst in mir auf, deren Nachklang ich vierzig Jahre nicht vergessen hatte.

In diesem Augenblick empfand ich das menschlichste Mitleiden mit den Ängsten des Knaben. Wie zum Hohn auf sich selbst irrte der Mann noch eine Weile durch die Düne, bis er das Haff sah und entdeckte, wie klein der Radius seines Irrwegs durch die Düne war und wie groß die Sorge, nicht mehr hinauszufinden.

Keinen Schuß Pulver wert

Anfang 1977 lernte ich Mäd kennen, und sie war es, die mich über die Verbrechen Stalins aufklärte und mein Leben veränderte. Vorher hatte ich nur wenige Werke kennengelernt, in denen ehemalige Kommunisten Rechenschaft ablegen über ihr Leben. »Ein Gott, der keiner war« war wohl das erste. Ich war erschrokken, in welcher Härte Koestler, Silone, Wright, Gide, Louis Fischer und Stephen Spender mit dem Kommunismus abrechneten. Es hatte mich 1956 nicht davon abgehalten, in die SED einzutreten.

Die nächste Warnung, die ich erhielt, war Chruschtschows Geheimrede von 1956. Auf einer geheimen Parteiversammlung wurden uns einige Absätze daraus vorgelesen. Als ich den Antrag stellte, daß der volle Wortlaut an alle Mitglieder verteilt werden sollte, wurde ich abgewiesen: Die Leitung selbst habe nur ein Exemplar dieser verkürzten Fassung. Ich erbot mich, die verkürzte Fassung abzuschreiben und sie an die Mitglieder zu verteilen, da schrie einer auf: Das sei eine Provokation.

Unter Mühen gelang es mir, aus vielerlei Bruchstükken eine Fassung herzustellen, die auch nicht vollständig war, die aber ein klares Bild von dem vermittelte, was Chruschtschow gesagt hatte. Der eine Freund hatte den einen Teil der Rede in einem westlichen Sender mitgeschnitten und abgeschrieben, der andere Freund einen anderen Teil. Erst viel später erfuhr ich, daß die Rede überall in der Welt bekannt war. Vollständig las ich sie erst ein Jahr, nachdem ich Mäd kennengelernt hatte und ein Visum besaß, mit dem ich nach West-Berlin reisen durfte.

Das Bitterlichste an Chruschtschows Rede, so fiel mir auf, war doch, daß er alle Verbrechen Stalins aufzählte, wenn sie an Kommunisten, an treuen Genossen begangen wurden, aber die Leiden, die der Stalinismus der parteilosen Bevölkerung zugefügt hat, und das waren neunzig Prozent der im Archipel Gulag Verschollenen, blieben ungenannt.

Wenn Chruschtschow davon sprach, daß Stalin mehr als die Hälfte der Delegierten des 17. Parteitages unter der Beschuldigung konterrevolutionärer Verbrechen verhaften ließ, wurde Entrüstung im Saal laut. Entrüstung im Saal, als die Morde an den Parteifunktionären Eiche, Rudsutak, Tschubar, Kosarjew und anderen aufgedeckt wurden. Aber keine Entrüstung, als Chruschtschow sagte: »Dabei ist festzuhalten, daß sich die Partei in einem harten Kampf gegen die Trotzkisten, die Rechten und die bürgerlichen Nationalisten durchgesetzt und daß sie alle Feinde des Leninismus ideologisch entwaffnet hatte. Der erfolgreiche Verlauf dieses ideologischen Kampfes hatte die Partei gestärkt und gestählt, und hierbei spielte Stalin eine positive Rolle.«

Keine Entrüstung, als Chruschtschow sagte: »Aber kann man sagen, daß Lenin sich nicht für die Anwendung der schärfsten Mittel gegen die Feinde der Revolution entschieden hat? Nein, das kann niemand behaupten. Wladimir Iljitsch forderte ein kompromißloses Vorgehen gegen die Feinde der Revolution und der Arbeiterklasse, und im Notfall griff er unbedenklich zu entsprechenden Methoden. Sie brauchen nur an seinen Kampf gegen die Sozialrevolutionäre zu denken, gegen die konterrevolutionären Kulaken und gegen andere Gruppen, als er, ohne zu zögern, die radikalsten Methoden gegen die Feinde anwandte.«

Feinde. Volksfeinde. Politische Gegner. Saboteure. Kulaken. Bürgerliche Nationalisten. Die Rechten.

Trotzkisten. Die Garderobenfrau im Theater, der nachgewiesen werden konnte, daß sie Trotzkis Sohn in den Mantel geholfen hatte und von ihm dabei mit ein paar freundlichen Worten bedacht worden war, kam als entlarvte Trotzkistin an der Kolyma um. Arbeiter, die zu spät zur Arbeit erschienen, wurden als Saboteure erschossen. Jedem, der sich Kommunist nennt, bleiben ewig die Schimpfworte Kulak, Syndikalist, Trotzkist, Nationalist, Sozialdemokrat, Sozialrevolutionär, Menschewist und Anarchist im Gedächtnis. Und welcher Kommunist entrüstet sich über die Art, wie die Juden in der Sowjetunion zwangsweise nach Birobidshan umgesiedelt wurden, die Krimtataren an den Ural, die Wolgadeutschen verstreut über den ganzen sowjetischen Subkontinent? Für einen Kommunisten sind alle, die an einen Gott glauben, an die Gewerkschaft, die Räte, den Klumpen Erde unterm Stiefel oder an die Freiheit schlechthin, Minderwertige, Abschaum, die nicht mal 'n Schuß Pulver wert sind. Als Chruschtschow sagte: »Der Genosse Eiche wurde erschossen«, erhob sich Entrüstung im Saal, aber als er sagte: »Die Kulaken sind als Klasse liquidiert worden«, bekam er Beifall.

Eine Zeit dachte ich, es wäre Trotzki, der mein Vertrauen verdiente. Das war, als ich sein »Tagebuch im Exil« las. Bis dahin hatte ich weder Werke von ihm noch über ihn gelesen. Nun hatte ich die Vorstellung, als sei er in der ganzen leninistischen Fraktion der einzige gewesen, der die Vergeblichkeit dieser Revolution eingesehen hätte, die im falschen Land zur falschen Zeit ausgebrochen war. Diesen Eindruck hätte ich durch kein Zitat belegen können, es war die wehmütige Stimmung, die aus dem Buch sprach, die mich dazu verführte, in ihm einen Gleichgesinnten zu sehen. Hätte Stalin ihn nicht verbannt, so wäre er vielleicht ein weltbekannter Gelehrter geworden, dachte ich damals.

Lange Zeit habe ich darüber nachgedacht, ob vielleicht auf mich das Schimpfwort »Trotzkist« zuträfe. 1967, kurz bevor ich nach Mali ging, habe ich einer Frau in Berlin, die damals in der Partei das Wort führte, meine Meinung über sie und die Ulbrichtclique gesagt und daß ich mich als Trotzkist empfinde, so, sagte ich, und jetzt kannst du hingehn und mich denunzieren, ich werde nichts bestreiten.

Natürlich war ich kein Trotzkist. Ich heftete mir das Etikett an ähnlich jenem mittelalterlichen Mönch, der in Ermangelung einer eigenen dissidentischen Theorie von sich behauptete, er gehe mit dem Teufel um. Zu meiner Überraschung aber denunzierte die Frau mich nicht. Diese dumme Selbstbezichtigung führte vielmehr dazu, das Bild zu vertiefen, daß sie sich von mir gemacht hatte: unbeherrscht aber ehrlich. Ausgerechnet sie, die ich von allen am meisten verachtete, schlug mich später für die Parteileitung vor.

Was ich zur Zeit meiner Selbstbezichtigung noch nicht wußte: Sie selbst war früher Trotzkistin gewesen, bevor sie Stalinistin wurde. Und was ich ferner nicht wußte: Ausgerechnet sie hatte mich im selben Augenblick, als ich sie beschimpfte, zur Kaderreserve gemacht. Das war zu einer Zeit, als man mit den Dichtern zartfühlend umgehen wollte.

Gott durch die Hintertür wie der Bazillus der großen Pest

Das vierte aufklärerische Werk, das ich kannte zur Zeit, als ich mit Mäd sprach, war »Dialektik ohne Dogma«. Dieses Buch war ein unerhörter Streich, denn in ihm brachte Havemann das Weltbild des dialektischen und historischen Materialismus in Einklang mit der modernen naturwissenschaftlichen Forschung.

Als junger, bildungsbeflissener Arbeiter hatte ich Einsteins Aufsätze über spezielle und allgemeine Relativitätstheorie gelesen, hatte mir auf der Grundlage neuester wissenschaftlicher Erkenntnisse, die klar und überzeugend waren, mein Weltbild aufgebaut. Dem gegenüber standen die nebelhaften, von Tabus und Drohungen künstlich zu Bedeutsamkeit erhobenen Redensarten einheimischer Philosophen, die Anschauungen vertraten, wie sie von den Wissenschaften in der zweiten Hälfte des vergangenen Jahrhunderts begründet worden waren, und die dem, was ich bei Einstein las, entschieden widersprachen.

Was ich von den Wissenschaften unseres Jahrhunderts erfuhr, war das Gegenteil von dem, was uns die herrschende Philosophie in der DDR mit solcher Wucht und Wut einpaukte, daß sich sogar die Dichter auf ihre Seite schlugen. Absurd, wie wir dialektisch geschulten »Ingenieure der menschlichen Seele« versuchten, das uns von Philosophen und Gelehrten vorgegaukelte Bild der Welt in Verse zu fassen, Brecht mit seinem Gedicht »Erziehung der Hirse« gehörte dazu, in dem er die These der Biologie besingt, anerzogene Eigenschaften seien vererbbar. Kunert mit seinem Gedicht »Die Waffen des Feindes«, in dem er in anklagenden Strophen den philosophischen Gegner entlarvt, der in seiner Verdorbenheit so weit geht, zu behaupten, daß der Lichtstrahl sich unter der Einwirkung großer Massen von der Geradlinigkeit ablenken lasse. In diesem philosophischen Kuddelmuddel räumte Havemann mit seinem Buch auf. Er stellte die uns eingetrichterten philosophischen Leitsätze in Frage und nannte die Fälscher beim Namen.

Was er predigte, war nicht neu: Die Lorentz-Transformation, die bewegte Uhr, der fallende Lift. Neu war, daß er dabei die Frage nach Gott stellte, was außer den Jesuiten andere Wissenschaftler selbstverständlich nicht taten. Somit deckte er das Elend der materialistischen Philosophie auf, die doch sagte, es gibt keinen Gott, egal, was darunter zu verstehen sei, und deren Vertretern jedes Mittel recht war und jede Methode recht ist, um zu verhindern, daß man uns Gott durch die Hintertür wieder einschleppte wie den Bazillus der großen Pest von London.

Damals wie heute, da ich dieses Buch in die Hand nehme und drin blättere, ist es unfaßbar, weshalb sich die SED nicht unverzüglich dieses Kopfes bediente, denn was Havemann damals sagte, war für die kommunistische Philosophie und seine Genossen pure Welterkenntnis. Er zeigte ihnen einen leicht begehbaren Weg, auf dem sie dem Dilemma entkommen konnten, in das sie dummerweise aus religiösem Fanatismus geschlittert waren, denn sie befanden sich scheinbar unentrinnbar im Widerspruch zu so gut wie allen wissenschaftlichen Erkenntnissen der Gegenwart. Mit seinem Buch verhalf Havemann der verfahrenen marxistischen Dialektik zu neuem Leben. Wie Münchhausen zog er mit seinem Denkspiel sich und seine Philosophie am eigenen Zopf aus dem Sumpf, in dem alles langsam erstickte.

So kann ich den ersten mißlungenen Absatz des Kapitels über den Baobab wieder einsetzen: Mit einemmal, während Mäd mir ihre Geschichte erzählte, stellte ich fest, selbst Erfüllungsgehilfe eines Machtapparates gewesen zu sein, dessen Ziele unklar waren und dessen Methoden ich verabscheute. Warum hatte ich die Hand gehoben, als Erich Loest 1956 aus der Partei ausgeschlossen wurde? Angst? Wovor? Ich kam doch vom Bau.

Vom Schriftstellerverband war ich als junges Talent entdeckt und zum Studium nach Leipzig geschickt worden. Wollte ich Karriere machen? Dazu fehlte mir das Zutrauen. Wenn nicht Feigling, wenn nicht Opportunist, was dann? Die Leute auf dem Bau, die mich in die Partei aufgenommen hatten, waren Arbeiter, ehemalige KZler, die es abgelehnt hatten, sich um Posten zu keilen, proletarisches Urgestein, wie es damals ironisch hieß.

Ich war beeindruckt davon, wie diese Leute mich aufgenommen hatten. Was dann in Leipzig vorging, begriff ich nicht. Das war eine mir neue und fremde Welt. Es war die Zeit, als der Kampf zwischen Kurella und Hans Mayer tobte, zwischen Hager und Bloch, zwischen Lukacz und Seghers, ein Kampf, in den Loest tief verstrickt war, der mich aber nur oberflächlich berührte, da mir die historischen Ursachen nicht vertraut waren.

Der Angeklagte war freiwillig erschienen

Zum erstenmal sah ich Loest auf der Parteiversammlung am Tage seines Ausschlusses. Er war, im Gegensatz zu mir, schon ein berühmter Mann. Ich war zu spät gekommen und setzte mich in die letzte Reihe. Es war das erstemal, daß ich erlebte, wie einer öffentlich zerbrochen wurde. Warum saß er zwischen Präsidium und Plenum abseits, wie auf der Anklagebank?

Ich weiß noch, wie ich mich darüber wunderte. So also, dachte ich, ist es in der Partei, da wird über einen zu Gericht gesessen, doch er hat keinen Verteidiger, sondern nur Ankläger. Auch schien mir die Versammlung in allseitigem Einverständnis abzulaufen. Der Angeklagte war freiwillig erschienen, oder hatte die Partei über ihn polizeiliche Gewalt? Mir schien, was ihm zur Last gelegt wurde, nichtig zu sein, wieso antwortete Loest aber auf Fragen, die in ein Verhör mündeten? Welche Riten galten hier?

Es schien alles nach Regeln abzulaufen: Kaum hatte Loest etwas gesagt, da sprang schon jemand auf und redete sich die Seele aus dem Leib, um ihn zu widerlegen, als dürfe man eine Äußerung des Beschuldigten nicht eine einzige Sekunde unbeantwortet lassen. Wer waren die geheimnisvollen Leute, auf die angespielt wurde und die im geheimen die Drähte zogen, an deren einem Ende Loest hing, und wieso gab er ihre Namen nicht preis? In welch versteckte Beziehungen war er verstrickt? Welch mysteriöse Schatten huschten durch die Reden? Wer hatte wen wo getroffen und ihm dies gegeben, wofür er das erhielt?

Warum stand ich nicht auf und ging hinaus? Warum protestierte ich nicht gegen die Demütigung des Mannes? Was gingen mich diese fremden Probleme an, die ich nicht verschuldet hatte, an deren Zustandekommen ich nicht beteiligt war und deren böse Wirkung ich nicht erkannte?

Ich war in die Partei eingetreten nach langem Zögern, nach ewigem Hin und Her, nach Nein und Ich-weiß-nicht und Warum? und Wieso? Vorteile hatte ich davon keine, nur Nachteile: Ich mußte nach Ordensregeln leben. Man hatte mir ein Statut in die Hand gedrückt und gesagt: das ist dein Kompaß fürs Leben.

Man hatte mir ein Abzeichen geschenkt und verlangte von mir, daß ich es ununterbrochen trage. Für das Parteidokument gab man mir einen Beutel, man hängt ihn sich mit einer Kordel um den Hals und legt ihn nie ab, selbst im Bett nicht. Der Verlust des Parteidokumentes wäre gleichbedeutetend mit Verrat. Mir klingen noch heut die Ohren von dem Gezeter all die Jahre: Der Genosse soll uns mal erklären, warum er das Parteiabzeichen nicht trägt.

Es war eine riskante, doppelschneidige Strategie: Die Verpflichtung, das Parteiabzeichen zu tragen, sollte bewirken, daß sich jeder offen zur Partei bekennt und als Mitglied auch sofort erkennbar ist. Die Verpflichtung, das Parteidokument immer bei sich zu haben, sollte bewirken, daß jeder jederzeit in den Untergrund tauchen könnte. Einesteils bereitete sich die SED auf die Machtübernahme vor, andererseits bereitete sie sich auf die Illegalität vor. Gut, von mir aus soll sie doch machen, was sie will, warum aber hob ich die Hand, als es hieß: Wer ist dafür, den Genossen Loest aus der Partei auszuschließen?

Ich weiß noch, es gab da eine kleine Diskussion, denn plötzlich schrie einer auf: er begreife nicht, wie man ein solches Subjekt wie den Kerl da noch mit »Genosse« anrede. Man mußte ihm erst lang und breit erklären, daß er vom parteilichen Standpunkt selbstverständlich recht habe, man dürfe aber dem Feind, der zweifellos auch hier seine Agenten eingeschleust habe, keine Handhabe geben, gegen uns zu hetzen. Deshalb müsse die Versammlung peinlichst ordentlich ablaufen. Solange die Grundorganisation den Mann noch nicht ausgeschlossen habe, sei er Mitglied und könne verlangen, mit Genosse angeredet zu werden. Warum aber stimmte ich zu, ihn auszuschließen?

Viele durchschauen die Tricks der Partei bis heute nicht, oder sie wollen nicht glauben, daß es sie gibt. Szenenwechsel, fünfzehn Jahre später, DEFA, ein Film. Er liegt seit einem Jahr im Panzerschrank. Regisseur und Autor sollen ihn zurückziehen. Man will ihn nicht verbieten, man will ihn aber auch nicht öffentlich aufführen. Das Einfachste wäre, die Schöpfer erklären den Film für nicht vorhanden. Ihr Nachteil wäre, vergebens gearbeitet zu haben, ihr Vorteil: Obwohl sie erklärt haben, der Film sei nicht vorhanden, wird ihr Honorar so bemessen, als sei der Film mit dem höchsten Prädikat ausgezeichnet worden, es geht um mehrere zehntausend Mark. Regisseur und Autor sind uneinsichtig, also: Parteiversammlung. Das Plenum soll darüber abstimmen, ob man den Film, den keiner kennt, zur Aufführung empfehle oder nicht.

Von der Partei fühlt man sich immer bedroht

Der Professor reist an: Leiter der Abteilung Kultur im ZK der SED. Herzliche Umarmung mit Regisseur und Autor, jeder kann sehen: keiner ist verbittert. Der Professor tritt ans Pult: Ich habe etwas sehr Ernstes mitzuteilen. Kommt mal 'n bißchen näher ran, damit ich nicht so schreien muß. Es braucht nicht gleich jeder im Studio zu wissen, worum es geht. Schau doch mal einer auf den Flur. Es wäre mir nämlich nicht recht, wenn gewisse Leute mir morgen vorhalten könnten, ich hätte das und das gesagt.

Ihr wißt, wie schwer es der Genosse Honecker hat, den Kurs des VIII. Parteitages durchzusetzen. Leider gibt es immer noch Leute, ja selbst solche in der allerhöchsten Spitze, die sich nicht von den bequemen dogmatischen Methoden trennen wollen. Wenn es nach dem Genossen Honecker ginge, so wär euer Film längst in den Kinos. Leider haben gewisse Leute die Absicht, euern Film zum Anlaß zu nehmen, dem Genossen Honecker eins auszuwischen. Ihm soll nachgewiesen werden, in der Kulturpolitik, in der Wirtschaftspolitik allzu freizügig eingestellt gewesen zu sein. Sogar ein so parteifeindliches Werk wie euern Film habe er durchgehen lassen.

Wir alle hier wissen, daß euer Film nicht parteifeindlich ist. Es gibt aber ein paar Szenen, die können böswillig falsch ausgelegt werden. Ich seh schon die Brüder, wie sie sich das Maul zerreißen. Das muß verhindert werden. Oder wir haben bald wieder die Zeit gegenseitiger haltloser Verdächtigungen und der uneingeschränkten Verbote. Deshalb sollten die Filmschöpfer historische Geduld aufbringen und vorläufig darauf verzichten, ihr Werk aufführen zu lassen.

Atemloses Staunen im Plenum. Die Leute, die nie nach ihrer Meinung befragt werden, sind ins Vertrauen gezogen worden bei einem vorgetäuschten Kampf der Götter untereinander im nebelhaften Walhall. Wenn sozialistische Demokratie einen Sinn hat, so ging es allen wahrscheinlich durch den Kopf, dann den, aus eigener Einsicht in die Notwendigkeit etwas zu tun, das den eigenen Interessen im Moment schadet, langfristig aber gesehn der Sache des Sozialismus nützt.

Das Prinzip ist dasselbe geblieben: Niemand kann sich wünschen, daß ein böses System Macht über dich gewinnt, im Falle der DEFA: Ulbricht, im Falle Loest: Adenauer. Mit Ulbricht verband sich die Zeit des 11. Plenums 1965, als Schriftsteller und Künstler öffentlich gedemütigt und entmündigt wurden, mit Adenauer verband sich die Spaltung Deutschlands, Nazirichter und Nazidiplomaten in führenden Ämtern, Wiederbewaffnung, kalter Krieg, Arbeitslosigkeit und Mietwucher. Die Parteiversammlung der DEFA und die Parteiversammlung in Leipzig beschlossen beide im selben Sinn: Die Anträge fanden die Zustimmung des Plenums.

War ich denn von allen guten Geistern verlassen, sagte ich, die Hand zu heben, als läge es in meiner Macht, etwas zu verhindern?

Unsinn, sagte Mäd, Sie wollten nichts verhindern, Sie hatten Angst.

Es gab keinen Grund, Angst zu haben.

Vor der Partei hat man immer Angst, auch ohne Grund.

Mich hat niemand bedroht.

Von der Partei fühlt man sich immer bedroht.

Ich hab mich nicht bedroht gefühlt.

Dann will ich bloß nicht hoffen, sagte sie, daß Sie die Hand gehoben haben, um Karriere zu machen.

Ich und Karriere.

Zugegeben, sagte sie, eine kleine, oder wollen Sie behaupten, daß Sie keine kleine Karriere gemacht haben?

Das allerdings will ich behaupten, sagte ich.

Dann wollen Sie wahrscheinlich auch behaupten, daß Sie Ihren Erfolg einzig und allein Ihrer eigenen Tüchtigkeit zu verdanken haben.

Genau das.

Was ist denn los mit Ihnen, zum Donnerwetter? sagte Mäd. Was streiten Sie mit mir rum? Sie haben eine Sauerei begangen, das ist normal. Sie schämen sich deswegen, das ist auch normal. Jetzt wollen Sie Ihr Gewissen beruhigen, auch das ist normal. Deswegen legen Sie sich eine Story zurecht, und das ist auch normal.

Nein, sagte ich, ich bin in meiner Unwissenheit auf einen plumpen Trick reingefallen.

Das möchten Sie wohl gerne, sagte Mäd, aber dann erzählen Sie das mal Loest, der, hoffe ich, ist in der Frage anderer Meinung, ich hoffe, er schmeißt Sie, wenn er so was von Ihnen hört, achtkantig die Treppe runter.

Mit der Frau war nicht zu reden. Ich habe, sagte ich.

Ach, hören Sie doch auf, zum Donnerwetter, sagte sie. Sie streiten mit mir bloß, um in den Himmel zu kommen. Aber ich bin nicht der liebe Gott.

Mir lag eine boshafte Bemerkung auf der Zunge, aber ich verkniff sie mir.

Schwer fiel das Wort »Katorga«

Manchmal weiß ich nicht, wie ich es wiedergeben könnte, was sie mir erzählte. Zu fern ist mir dieses Kolyma, zu unverständlich sind mir die Menschen, die dort waren. Wie kamen sie hin? Wenn Mäd von Bersin sprach, dem ersten Chef der Zwangsarbeitslager an der Kolyma, dann mit Grauen und Respekt. Er wurde der »König von Kolyma« genannt, nicht abfällig oder ironisch, sondern so, wie man von gnadenloser Obrigkeit spricht, an der man nichts ändern kann.

Er war der staatliche Beauftragte für das Gold im Kolyma-Gebiet. Es schien ihm egal gewesen zu sein, wer das Gold loshackte und wegkarrte. Ihn kümmerte nur, daß die Arbeit den höchstmöglichen Nutzen brachte. Kriminelle und Politische waren unter seinem Regime einander gleichgestellt. In den Methoden, die Zwangsarbeiter zur Arbeit anzutreiben, gab es keinen

Unterschied zu denen von Oberst Garanin, seinem Nachfolger, der die Zwangsarbeit an der Kolyma politisierte.

Garanin ließ im Auftrag der GPU Bersin erschießen, dessen Offiziere und deren Familien schickte er ins Lager. Ihnen wurde zur Last gelegt, aus verbrecherischer, bürgerlicher Humanitätssucht die politischen Häftlinge nicht so behandelt zu haben, wie sie es verdienten als Abschaum der Menschheit. Die Kriminellen waren während seines Lagerregimes eine bevorzugte Häftlingsklasse. Sie hatten den Auftrag, gemeinsam mit der Wachmannschaft die Politischen zu führen, zu leiten und umzuerziehen.

Es fiel mir schwer, die Delikte der Politischen auseinanderzuhalten. Nsch hieß nach Mäds Auskunft unbewiesene Spionage. WAT hieß Lobpreisung amerikanischer Technik, TschS Verurteilung als Familienmitglied eines Verdächtigen. Es sei vorgekommen, sagte sie, daß der Verdächtige in Freiheit blieb und nur das Familienmitglied zur Kolyma kam. Wer KRD hatte, war als Parteiloser verurteilt wegen konterrevolutionärer Tätigkeit; wer KRTD hatte, wegen konterrevolutionärer trotzkistischer Tätigkeit als Parteimitglied. Sehr schwer fiel es mir, das Wort »Katorga« in ihrer Erzählung anzuerkennen, für mich war bis zu diesem Zeitpunkt der Begriff historisch genau fixiert als das Zwangsarbeitssystem in der Zarenzeit.

Die »Ketten der Katorga« waren nicht sinnbildlich gemeint, sondern es wurden wirklich die nach Sibirien Verbannten zu zweit aneinandergekettet. Ich nahm das Wort erst in meinen modernen Wortschatz auf, als

Mäd erzählte, daß sie Kartorga-Kleidung auf Kolyma nähten und daß bestimmte Häftlinge zu fünft aneinandergeschmiedet wurden. Auch das Wort Konzentrationslager schien mir lange Zeit historisch festgelegt zu sein durch Burenkrieg und Maidanek. Es dauerte lange, bis ich in der Lage war, zu begreifen, daß es sowjetische Konzentrationslager waren, in die Mäd als junge Frau verschleppt worden war.

Was war mit den ausländischen Architekten, die Ende der zwanziger bis Mitte der dreißiger Jahre in die Sowjetunion gingen, um ihre Vorstellungen von Sinn und Funktion der neuen Stadt zu verwirklichen, im Experiment die Möglichkeiten freien Bauens unter sozialistischen Bedingungen zu erproben ohne privatkapitalistischen Zwang? Die Sowjetunion, das war endlich ein neuer Plan, der Weltgeschichte eine andere Richtung zu geben. Vor allem Architekten sahen dort die bedeutendste Chance ihres Faches in der Neuzeit.

Das Bauen in den historisch gewachsenen Städten der kapitalistischen Welt war zur Last geworden. Neue Impulse wurden unterdrückt. Wer sich nicht fügte, erhielt das Etikett »Kulturbolschewist« und verlor sein Amt. Der Gedanke lag nah: wenn schon »Kulturbolschewismus«, dann dort, wo der Bolschewismus die Macht hatte.

Damals formulierte Gropius es so: »Die schlimmste Fessel bleibt das unsittliche Recht des privaten Eigentums am Boden. Ohne die Befreiung des Bodens aus dieser privaten Versklavung kann niemals ein gesunder, entwicklungsfähiger und im Sinne der Allgemeinheit wirtschaftlicher Städtebau entstehen. Diese wichtigste Grundforderung hat allein und ohne Einschränkung die UdSSR erfüllt und damit den Weg zum modernen Städtebau frei gemacht.«

Keine Handschuhe, alles erfroren, Füße auch

In allen Ländern rüsteten sich die Architekten, um in die Sowjetunion zu wallfahrten. Die besten Architekten der Welt boten sich den Sowjets an. Viele setzten ihre Karriere in der Heimat aufs Spiel, um im Osten eine dürftig bezahlte Arbeit anzunehmen.

Hier war der Baugrund kein Spekulationsobjekt. Hier wurden neue Städte, neue Dörfer, neue Wohnsiedlungen, neue Fabriken auf jungfräulichem Boden geplant, neue Repräsentationsbauwerke, neue Wohn- und Lebensräume. Wie könnte sie aussehen, die neue sozialistische Lebensform? Die Sowjetunion, das war die bisher größte Herausforderung an die Architektur.

Fehlleistungen konnten dabei nicht ausbleiben: Arroganz von Stars gegenüber den Möglichkeiten der sowjetischen Bauleute, kollektivistische Städte wurden geplant und gebaut, in denen zur Entwicklung von Individualitäten kein Raum blieb, Siedlungen nicht als Kommunikationszentren, sondern als provisorische Aufenthalts- und Schlafstätten.

Bis 1937 blieben die internationalen Architektenkollektive im Land. Dann verließen sie die Sowjetunion, die einen enttäuscht, die andern gekränkt, die dritten berauscht, alle geistig bereichert. Nur wenige Unentwegte blieben, unter ihnen ein Holländer mit

Vornamen Wilhelm, den auf Kolyma alle aber nur Bim nannten und dessen Nachnamen Mäd vergessen hat.

Nachdem die Architektenkollektive das Land verlassen hatten, wollte Bim weiterhin in der Sowjetunion bauen. Da traf ihn die Rache der sowjetischen Architekten, die sich anschickten, die Zuckerbäckerarchitektur des Hochstalinismus zu entwickeln. 1937 kam Bim nach Kolyma. Mäd kannte ihn noch aus Moskau, wo sie sich einmal gesehen hatten.

Er war ein berühmter Mann, sagte sie, mit einer exzentrischen Frau und einem schönen großen Hund.

Er war geblieben, hatte auf seinen Lohn in Devisen verzichtet. Ja, er war Mitglied der holländischen kommunistischen Partei. Ja, er war Idealist. Ja, er verzichtete auf eine große Karriere in der Heimat, um dem armen Sowjetland zu helfen, was in seinen schwachen Kräften lag.

Auf Kolyma traf Mäd ihn. Er war in einem erbärmlichen Zustand, seine Hände erfroren und bis auf die Knochen vereitert. Die Füße erfroren, er konnte kaum noch gehen. Sie sah ihn im Vorzimmer des Lagerarztes, der kein Arzt war, sondern Veterinär. Sie erkannte ihn wieder in seinem abgerissenen und erbarmungswürdigen Zustand. Es war gefährlich, Kontakt zu anderen Häftlingen herzustellen. Wie beiläufig ließ sie gelegentlich ihre Suppe an einem verabredeten Ort stehen, wo er wie beiläufig hinwankte.

Sein Fall hat, wie Mäd zu wissen glaubt, internationales Aufsehen erregt. Die holländische Botschaft soll, ihren Worten nach, oft nach ihm geforscht haben. Seine Frau durfte Moskau ungehindert verlassen. Er selbst verstand nicht, was mit ihm geschehen war. Er wußte nicht, wozu er hier war, noch wußte er, wo er sich befand. Damals ging die Lagerobrigkeit besonders hart vor gegen Saboteure und Selbstverstümmeler.

Immer wieder tauchte Bim in Mäds Erzählungen auf, als sei in dem Grauen der Lager für sie das Schicksal dieses verträumten Mannes ein Symbol für den Zustand des Landes und der Partei. Garanin selbst war gekommen, um die Volksfeinde in der Krankenstation aufzustöbern.

Er schritt, sagte Mäd, wie immer die Reihen ab.

Da hätten wir ja unsere Kranken, sagte er, na, zeigt mal her, eure Händchen. Wie ich schon sagte, die machen sich selbst ihre Hände kaputt, um nicht arbeiten zu müssen, Selbstverstümmelung nennt man das, Sabotage, ist doch klar.

Und da, er war noch nicht an der Reihe, sei Bim vorgetreten.

Der dumme Bim, sagte Mäd.

Sei vorgetreten, habe seine verfaulten Hände vorgezeigt und gesagt in seinem schlechten Russisch: Herr Natschalnik, meine Hände abgefroren, keine Handschuhe. – Ach so, sagte Garanin, und die Männer seiner Begleitung zückten Papier und Bleistift, der Lagerkommandant, der Kommandoführer, der Sicherheitschef und der Politstellvertreter, keine Handschuhe also, sagte Garanin. Nein, Herr Natschalnik, habe Bim gesagt, keine Handschuhe, alles erfroren, Füße auch. – Soso, auch die Füße, habe Garanin gesagt. – Ja, Herr Natschalnik, Füße auch, schlechte Schuhe. – Aha, schlechte Schuhe, habe Garanin gesagt, das wird alles sofort geändert, Sie sehen, es ist alles notiert worden.

Bim, der holländische Architekt, habe sich noch triumphierend umgesehen: was er immer gewußt hatte, die Menschlichkeit werde siegen, seine Mithäftlinge wagten es nicht, ihm in die Augen zu sehen. Auf einen Wink setzten sich die Soldaten, die im Hintergrund warteten, in Bewegung.

Sie brachten ihn in die Schlucht, sagte Mäd, sie brachten ihn in die Schlucht.

Dir wird das Lachen noch vergehn

Ich suchte in jener Zeit der Gespräche, die mich aus dem Gleichgewicht brachten, nach Erklärungen. Es gab keine. Nur Bestätigungen. Wie ging man mit Menschen um? Mir fiel ein, was Wieland Herzfelde vor gar nicht langer Zeit erzählt hatte von den Vorgängen auf dem Schriftstellerkongreß 1934 in Moskau.

Radek hatte eine Rede gehalten über Fehlentwicklungen in der modernen Literatur, zum Beispiel Joyce. Er wußte selbst nicht, wie es dazu gekommen war, daß ihm das Wort erteilt worden war, jedenfalls hielt Herzfelde eine Rede, in der er Joyce verteidigte. Genaugenommen, beteuerte er später, sei er bei Radeks Rede nicht im Saal gewesen, sie war ihm auch nicht hinterbracht worden, es sei ein Zufall gewesen, daß er in seinem ohne Manuskript gehaltenen Diskussionsbeitrag auf Joyce zu sprechen kam.

Als er hinterher das Quartier der deutschsprachigen

Schriftsteller betrat, saßen sie alle stumm da und schauten ihm nicht in die Augen. Was denn los sei mit ihnen, hatte Herzfelde gefragt. Du wirst schon sehn, was los ist, hatte Becher gesagt, erschossen wirst du.

Nachdem sich Herzfelde ausgeschüttet hatte vor Lachen über den gelungenen Spaß im Stil eines Studentenulks, sagte Becher: Wart's nur ab, dir wird das Lachen noch vergehen. Bredel war anwesend und Oskar Maria Graf, auch sie verstört. Zuerst hatte es Herzfelde für einen Ulk gehalten, dann für metaphorisch im Sinne von: man werde ihn fertigmachen. Absetzen hätte man ihn nicht können, denn er war Verleger und unabhängig, doch ihm das Vertrauen entziehen, das wäre wohl möglich.

Nachdem er eine Weile über seine eigenartige Situation nachgedacht hatte, entschloß er sich zu handeln. Immerhin hatte er von eigenartigen Todesfällen gehört. Gut, sagte er, nun gehe er sich erkundigen. Alle versuchten, es ihm auszureden: Die einzige Chance, eventuell aus der Sache rauszukommen, sei abolute Ruhe. Was er denn getan habe, fragte Herzfelde. Das wisse er nicht? schrie Becher, er wisse nicht, wem er widersprochen habe? Wie habe er es sich unterstehen können, Radek zu widersprechen.

Da erst begriff Herzfelde seine Situation. Er bat in der Komintern um einen Termin. Die »Prawda« hatte seinen Diskussionsbeitrag vom Vortag veröffentlicht, daher wurde er bevorzugt vorgelassen. Andere, die schon die Nacht auf eine Audienz gewartet hatten, schliefen noch auf den Bänken.

An einem rotbezogenen Tisch in T-Form saß Knorin. Er fragte Herzfelde nach seinem Anliegen und hörte aufmerksam zu. Als der sagte, er könne nicht begreifen, warum er wegen seiner Diskussionsrede zu Joyce erschossen werden solle, unterbrach Knorin ihn und sagte: er habe eben seine Polemik in der »Prawda« gelesen: Und nun wollen Sie, Genosse, sich vergewissern, ob ... Augenblick mal, er müsse sich erkundigen.

Er drückte auf einen Knopf unter der Tischplatte, eine Seitentür öffnete sich, und ein Mann in Uniform trat einen halben Schritt ein. Herzfelde erkannte in ihm seinen alten Freund, den Prager Literaturhistoriker Paul Reimann im Rang eines sowjetischen Oberstleutnants. Knorin fragte Reimann, ob es einen Beschluß des Zentralkomitees gebe in bezug auf den englischen Schriftsteller James Joyce? Nein, sagte Reimann, es gebe keinen Beschluß des Zentralkomitees in bezug auf den englischen Schriftsteller James Joyce. – Danke, Genosse Reimann, sagte Knorin. – Darf ich abtreten, Genosse Knorin? fragte Reimann. – Ja, treten Sie ab, Genosse Reimann, sagte Knorin.

An dieser Stelle seiner Erzählung pflegte Herzfelde zu sagen: So preußisch ging es damals in Moskau zu. Reimann hat nicht zu erkennen gegeben, daß wir uns kannten.

Zu seinem sechzigsten Parteijubiläum trat er mit sechzig roten Rosen im Arm vor uns junge Leute von fünfzig Jahren und rief uns zu: Diesen Dank der Partei muß man sich verdienen. Diesen Dank der Partei könne nur einer erwarten, der wie er immer treu die Beschlüsse der Partei befolgt habe.

Er erinnerte an die Demütigungen, denen er ausgesetzt war, allein wegen seiner Treue zur Sowjetunion. Jedesmal habe er Freunde verloren: nach dem Einmarsch in Polen 1939, nach der Hinrichtung von Tuchatschewski 1937, nach der Kollektivierung der Landwirtschaft 1927, nach der Besetzung Bessarabiens 1940, nach dem 17. Juni 1953, nach der Bitte der baltischen Staaten, Mitglied der Sowjetunion zu werden 1940, nach dem Schachty-Prozeß 1928, nach dem tragischen Tod Trotzkis 1940, nach dem Einmarsch in die Tschechoslowakei 1968, nach dem Einmarsch in Finnland 1939, nach dem Einmarsch in Ungarn 1956.

Nach dem Einmarsch in Polen 1939 habe ihm in New York einer seiner besten Freunde ins Gesicht gespuckt.

Ich wünschte, der Mann mit den sechzig Rosen im Arm hielte den Mund.

Starb an gebrochenem Herzen

Herzfelde war mein Literaturprofessor in Leipzig. Als es hieß, er würde das Fach übernehmen, waren wir sehr froh. Es sah aber aus, als habe er Angst, wir würden ihn zum Kronzeugen gegen Kurella machen, der damals das Institut leitete. Das Bild, das uns vermittelt werden sollte, war: Alle Philosophie sei aufgehoben im dialektischen und historischen Materialismus, alle Literatur sei aufgehoben im sozialistischen Realismus, und zwar aufgehoben in diesem dreifachen Sinn – außer Kraft gesetzt, höher gehoben, aufbewahrt.

Es wurde verfügt, Inhalt und Form hätten eine dialektische Einheit zu bilden. Es wurde verhängt, der sozialistische Realismus sei die Schaffensmethode der Schrifsteller in der DDR. Dreißig Jahre haben Schriftsteller meiner Generation den sozialistischen Realismus als Methode bestritten. Ihn abzulehnen war unmöglich, es hätte bedeutet, darauf zu verzichten, in der DDR veröffentlicht zu werden.

Es war unnötig, sich für eine fixe Idee aufzuopfern, die nur wenige ernst nahmen, wenn es die Möglichkeit gab, die Aufpasser der Kunst zu überlisten. Selbst, wenn einige von uns hochmütig darauf verzichteten, sich in das Gezeter um die richtige Auslegung des Begriffs zu mischen, in der Praxis wurde er gezwungen, sich damit zu befassen, wenn es darum ging, sich gegen den lebensgefährlichen Vorwurf zu verteidigen, er sehe die Wirklichkeit falsch.

Von Herzfelde erwarteten wir in Leipzig, daß er als der hervorragendste Zeuge seiner Zeit bestritte, expressionistische Kunst sei lediglich eine kleinbürgerlich-anarchistische Art gewesen, die ins imperialistische Stadium getretene bürgerliche Gesellschaft darzustellen. Wenn er bestritte, der Expressionismus habe lediglich die entfremdete und von der Krise gezeichnete bürgerliche Wirklichkeit beschrieben, so hätte er auch bestritten, daß Inhalt eine bestimmte Form bedinge. Ohne es ausdrücklich zu sagen, denn das wäre für ihn lebensgefährlich gewesen, hätte er die These von der dialektischen Einheit von Inhalt und Form bestritten.

Es ist leicht, aus heutiger Sicht diesen dreißig Jahre

währenden Kampf zu verkleinern, ihn als dumm und albern hinzustellen. In Wirklichkeit ging es um Leben oder Tod. Keiner verlangte von Herzfelde, daß er sich auf unsere Seite stellte. Er sollte nur den Expressionismus in seiner historischen Entwicklung würdigen.

Der Expressionismus war zur Scheidelinie geworden, weil seine bedeutendsten Vertreter noch lebten, in den verschiedensten politischen Lagern verstreut. Die Wandlung Johannes R. Bechers vom Expressionisten zum Pathetiker wurde gegenübergestellt der Entwicklung Gottfried Benns zum Verteidiger des Faschismus. Bechers Wandlung, so hieß es, habe ihn zu klassischer Größe erhoben, Benns Entwicklung habe ihn zur Bedeutungslosigkeit verdammt.

Nur weil Franz Leschnitzer, einer der Treuesten der Treuen, die Allgemeingültigkeit dieser Formel bestritt, wurde er von der Becher-Witwe zu Tode gehetzt. Er starb, weil seine Partei ihn verstoßen hatte, an gebrochenem Herzen.

Von Herzfelde erwarteten wir eine vernünftige Einstellung zum Expressionismus, wir erwarteten es von ihm, und es war von ihm zu erwarten, daß er neben Bechers klassischer Größe auch Benns Dichtung gelten lasse. Auf diesen kleinsten gemeinsamen Nenner hätte er sich ohne Gefahr für sein Leben einlassen können. Er tat das Gegenteil. Er verteidigte Bechers Werk seit Anfang der dreißiger Jahre gegen sein Jugendwerk, und er verteidigte Benns Jugendwerk gegen seine reifen Dichtungen. Die größte Gemeinheit fügte er sich selbst zu, indem er seine eigene bedeutende Rolle in der Periode von Dada und Expressionismus verkleinerte. Heute, nach dreißig Jahren mörderischen Kampfes, würde eine Analyse ergeben, daß Bechers Einfluß auf die Lyrik der DDR gleich Null ist, Benns Schule dagegen begegnet man auf Schritt und Tritt. Eigenartigerweise besonders dort, wo man sie am wenigsten erwartet, in der versöhnlichen, belehrenden und gefühlvollen Lyrik des sozialistischen Realismus.

In dieser Zeit verbanden sich in meinem Bewußtsein Mäds Berichte von ihrem Leben im Zwangsarbeitslager und in der Verbannung mit den Erzählungen des Mannes mit den sechzig Rosen im Arm, verbanden sich mit Beobachtungen, mit Vorfällen in jüngster Vergangenheit zu einem beängstigenden Bild.

Im Roman »Wilhelmsburg«, den ich damals schrieb, stellte der Mann, dessen Geschichte erzählt wird, zwei Tabellen auf, die eine mit Gründen, das System gutzuheißen, die andere mit Gründen, es abzulehnen, er fand sechsundneunzig Gründe dafür und ebensoviel dagegen. Als das Buch veröffentlicht wurde, fand ich keinen einzigen Grund mehr, das System zu verteidigen.

Im Kampf um das Brot zu siegen

Ich erinnerte mich der Presseberichte vor nicht langer Zeit, als sozialistisches Heldentum gelobt wurde: Im Gebiet der russischen Stadt Rjasan war während der Getreideernte ein Feld in Flammen aufgegangen. Die Erntearbeiter sprangen von den Maschinen und rannten davon, um sich in Sicherheit zu bringen. Nur einer, Anatoli Merslow, blieb auf seinem Traktor und versuchte, das Fahrzeug aus den Flammen zu retten. Es gelang ihm aber nicht. Der Traktor brannte aus, und der junge Mann kam ums Leben.

Es war schon klar, wohin die öffentliche Diskussion in der Zeitung führen sollte. Einige Leser gaben zwar zu bedenken, daß die Erhaltung des Lebens höher stehe als Sachwerte. Die Mehrzahl der Zuschriften dagegen schätzte das kopflose Tun dieses unglücklichen Menschen als eine Heldentat ein, der man nacheifern sollte.

Eine Vera beglückwünschte die Mutter, einen so wunderbaren Sohn erzogen zu haben, eine Talja sagte, Menschen wie Anatoli Merslow müßte es mehr geben. Ein Ehepaar schrieb, es wünschte, sein heranwachsender Sohn handele einmal so verantwortungsbewußt wie Anatoli. Der Mutter des Verunglückten wurde von der Zeitung die Denunziation in den Mund gelegt: Wäre ein Mensch mit mehr Entschlußkraft an Toljas Seite gewesen, so hätte es kein Unglück gegeben. Der zweite Mann hätte Toljas Traktor aus dem Feuer abschleppen können. Er hat alles mit angesehen, ohne eine Hand zu rühren.

Bis hierher konnte man die Diskussion um den Tod des Traktoristen noch verstehen als Ausgeburt eines verkommenen Journalismus, wie es ihn überall in der Welt gibt. Diese Journaille hat keine Moral und verdient ihr Geld damit, indem sie das Volk verleitet, sich den Interessen der Machthaber zu opfern.

Anatoli Merslow, der sein Leben weggeworfen hatte, um einen schrottreifen Traktor vor dem Feuer zu retten, war nicht aus Heldenmut gestorben, wie leicht zu ermitteln ist an Hand der veröffentlichten Tatsachen. Er hatte sich geopfert aus Angst vor öffentlicher Demütigung. Er fürchtete, die hartherzigen Paragraphenreiter und Moralapostel der Partei, die bestrebt waren, die Arbeit zu militarisieren, würden ihn anprangern. Er fürchtete, sie würden ihm öffentlich vorwerfen, er habe auf sein Fahrzeug nicht genug acht gegeben. Er fürchtete, man könne ihn vielleicht einen Schädling nennen, der Volkseigentum zerstört. Seine Angst vor der Partei, der ein Menschenleben nichts gilt, war berechtigt, denn all die andern Arbeiter, die vor dem Feuer weggelaufen waren, wurden später moralisch und juristisch zur Rechenschaft gezogen. Sie wurden als gleichgültig und feige beschimpft und wurden beschuldigt, Volkseigentum zerstört zu haben, denn wären sie nicht weggelaufen, sondern hätten sie wie Anatoli Merslow zuerst an ihre Fahrzeuge gedacht, so wären die nicht verbrannt, hieß es. Sie wurden demnach für die Mißwirtschaft in ihrem Dorf verantwortlich gemacht, die darin bestand, daß es zu wenig Traktoren gab und so gut wie keine Ersatzteile.

Nicht die Partei hatte schuld an der wirtschaftlichen Katastrophe, sondern Saboteure oder der Klassenfeind. Als nach der Vollkollektivierung in der DDR und der Massenflucht der Bauern die Kartoffelernte mißlang, hieß es, die Amerikaner hätten Kartoffelkäfer abgeworfen, um die Ernte zu vernichten. Nicht für ein hohes und edles Ziel hatte der unglückliche Junge sein Leben aufs Spiel gesetzt, sondern aus Angst vor der

Rache der Partei. Soweit blieb die Geschichte vom Tod des jungen Anatoli Merslow eine menschliche Grausamkeit und eine journalistische Schweinerei.

Es meldete sich aber noch ein Schriftsteller zu Wort, Konstantin Simonow, der Merslow mit einem Soldaten verglich, der sich als erster im Schützengraben erhebt und den Sturmangriff beginnt: Als erster in den Angriff zu gehen, schrieb Simonow, ist fast das Schwierigste, wenn nicht das Schwierigste überhaupt im Krieg. Und eben dafür, für das Schwierigste im Krieg, brachte Merslow die Entschlußkraft auf, die bei dem anderen Menschen, der dort auf dem Feld neben ihm stand, nicht vorhanden war.

Die Ernteschlacht, schrieb Simonow, war in diesem Sommer so angespannt, daß Merslow seinem Charakter gemäß gar nicht anders konnte, als standhaft zu bleiben, um ganz nach Art von Soldaten im Kampf um das Brot zu siegen. Es war die Soldatentradition der Familie Merslow und die des Landes, die Anatoli dazu brachten, sich zu opfern. In diesem Augenblick, da er losstürzte in Angst um seinen Traktor, war dieses Fahrzeug zu einem Stück seines Vaterlandes geworden, das es zu retten galt.

Natürlich, schrieb Simonow, ist ein Menschenleben mehr wert als ein Traktor. Andererseits aber, wozu wäre ein Mensch fähig, der sich ständig bewußt ist, mehr wert zu sein als alles andere. Wäre so ein Mensch überhaupt fähig, irgend etwas zu retten? Ich vermute, schrieb Simonow, ein solcher Mensch wäre nicht imstande, ein ertrinkendes Kind aus dem Wasser zu ziehen.

Nach Mäds Berichten und Herzfeldes Anfrage 1934, ob es wahr sei, daß man ihn erschießen werde wegen seines Diskussionsbeitrages auf dem Schriftstellerkongreß, beunruhigte mich auch Simonows Brandrede an die sowjetische Jugend, das wirtschaftliche Chaos im Land durch Menschenopfer zu läutern. Nicht das System ist falsch und müßte geändert werden, sondern die Menschen sind fehlerhaft konstruiert und bedürfen der Reparatur. Das ist die Aufgabe der Kunst mit ihren lebensgefährlichen Lügen.

Je mehr Menschen bereit sind, sich für ein System zu opfern, desto wertvoller wird es. Rilkes »Kornett« im Tornister der Toten von Langemarck. Die Besonnenen sind Feiglinge, wenn nicht gar Verbrecher. Der Unglückliche, der aus Angst vor der Obrigkeit sein Leben aufs Spiel setzt, ist der Held. Den Machtbereich der momentanen Regierung nennt man Heimat. Das Territorium des herrschenden Wirtschaftssystem besingt man als das Vaterland. Der Schriftsteller ist der Ingenieur der menschlichen Seele. Die eigene Meinung ist abhängig vom ZK-Beschluß.

Fortgesetzte Belästigungen der Behörden

Auch die »wahren Geschichten«, die sich damals in meiner unmittelbaren Nähe abspielten, die Dramen, Tragödien, Farcen, hervorgerufen von einer übermütigen und dünkelhaften Obrigkeit, waren zum Fürchten: Einem jungen Ehepaar sagte der Arzt, sein eben geborenes Mädchen leide an einer Augenkrankheit, die nur durch eine Operation geheilt werden könne. Werde die nicht im ersten Lebenshalbjahr ausgeführt, so erblinde das Baby in Kürze unheilbar. In der DDR aber habe noch kein Chirurg diese seltene Krankheit behandelt. Spezialisten dafür gebe es in der Bundesrepublik und in den USA.

Brieflich wurde der Kontakt zur westdeutschen Augenklinik hergestellt, die auch den Terminplan entwarf. Doch alle Anträge, das Baby in die Bundesrepublik zu überweisen, lehnte die zuständige Behörde ab. Da entschloß sich der Vater, die Hilfe einer Firma in Anspruch zu nehmen, die kommerziell Menschen von Ost nach West schmuggelt. Das Mädchen konnte rechtzeitig operiert werden. Der Verfall seiner Sehfähigkeit wurde verhindert.

Der Vater wollte mit dem Kind in die DDR zurück, doch da erfuhr er, daß gegen ihn wegen Republikflucht ermittelt werde. Er sah keinen anderen Ausweg, als im Westen zu bleiben. Seine Frau stellte den Antrag, in die Bundesrepublik ausreisen zu dürfen. Zunächst aber wurde sie wegen Beihilfe zur Republikflucht angeklagt. Der Chefarzt, der dem Ehepaar geholfen hatte, den Kontakt zur westdeutschen Klinik herzustellen, und der Oberarzt, der das Ehepaar auf die chirurgische Möglichkeit aufmerksam gemacht hatte, die Krankheit im Ausland zu heilen, verloren ihre Stellungen.

Eine Familie fuhr auf Urlaub nach Rügen und stellte in Thyssow ihr Zelt auf. Die Leute aber waren nicht angemeldet. Wer nicht ein paar Jahre zuvor vom Zentralen Zeltplatznachweis in Rostock die Genehmigung zum Campen erhalten hat, handelt illegal, wenn er eigenmächtig sein Zelt aufstellt. Der Platzwart forderte die Leute mehrmals auf, den Platz zu räumen, und als weder Ermahnungen noch Drohungen halfen, hatten sie eine Geldstrafe zu zahlen, und sie erhielten das schriftliche Verbot, die gesamte Ostseeküste einschließlich der vorgelagerten Landesteile (Inseln) für die Dauer von fünf Jahren zu betreten.

Ein treuer Genosse, Parteisekretär einst, reiste mit seiner Frau, beide Rentner inzwischen, nach Hannover, um Verwandte zu besuchen. Kurz bevor das Visum ablief, erkrankte der alte Herr und mußte ins Krankenhaus eingewiesen werden. Die Krankheit zog sich hin, das Visum verfiel. Die beiden alten Leute baten schriftlich und dringend, die Visa zu verlängern. Der Antrag wurde abgelehnt: Entweder die beiden alten Leute kehren unverzüglich in die DDR zurück, oder sie haben sich als Republikflüchtige strafbar gemacht.

Sie wollten zurück, doch das Krankenhaus riet ab, denn der Kranke würde den Transport nicht überleben. Leicht gebessert konnte der Mann nach einem halben Jahr entlassen werden, da sie aber bereits auf der Fahndungsliste standen, gab es für sie keine Möglichkeit, in die Heimat zurückzukehren. Sie blieben in Hannover, wo sie sich einzurichten versuchten.

In der DDR lebten noch zwei Söhne, der eine Offizier bei der Nationalen Volksarmee, der andere Autoschlosser. Der Offizier kam bei einem Unfall ums Leben, die Eltern wagten es nicht, den Antrag zu stellen, am Begräbnis teilnehmen zu dürfen. Der Zustand des

Vaters verschlechterte sich zusehends. Seiner Frau wurde mitgeteilt, er habe nur noch kurze Zeit zu leben. Da bat sie den einzigen Sohn, zu kommen, doch die Behörde erlaubte es nicht.

Auch zum Begräbnis des Vaters durfte der Sohn nicht fahren, und als die Mutter lebensgefährlich erkrankte, ebenfalls nicht. Die Polizei verwarnte ihn, sollte er weiterhin Visaanträge stellen, so habe er mit einem Verfahren wegen fortgesetzter Belästigung der Behörden zu rechnen. Da stellte der Sohn keine Anträge mehr.

Im Sommer wollte er mit Ehefrau und Kind nach Bulgarien in Urlaub fahren. Einen Tag vor Beginn der Reise bekam er den Bescheid, daß sein Visum abgelehnt sei. Auf seine Frage erhielt er die Antwort: Wir sind nicht verpflichtet, unsere Maßnahmen vor Ihnen zu begründen. Damals war die Grenze nach Polen noch offen. Wer ins Nachbarland reisen wollte, brauchte nur seinen Personalausweis vorzuweisen. Doch als der Mann mit seiner Familie über die Grenze wollte, wurde er zurückgewiesen.

Der Freund aber, der Wieland Herzfelde damals in New York ins Gesicht gespuckt hatte, war Gustav Regler, auch er einst Kommunist wie Arthur Koestler, Julius Hay, Willi Münzenberg, Herbert Wehner, auch er Verräter, auch er Renegat. Wehner, schrie plötzlich Pensionär Gorrish in der Versammlung auf.

Ich wünschte, ich hätte ihn mißverstanden. Alles, was die alten Herren noch zu sagen hatten, war so unberechenbar, so absonderlich, daß ich oft glaubte, mich verhört zu haben. Er könne sich an Wehner erinnern, schrie Gorrish, das sei doch dieser Rothaar gewesen, andauernd Ärger hätten sie gehabt mit dem Kerl, er verstehe nicht, weshalb sie ihn damals nicht...

Erschossen haben? sagte Mäd.

Ja, sagte ich.

Hat er das gesagt?

Ja.

Warum sprechen Sie das Wort nicht aus?

Ich will nicht.

Wozu diese Zimperlichkeit?

Wozu nicht?

Sind die zimperlich mit Ihnen umgegangen?

Nein, sagte ich, das nicht.

Und was haben die mit Ihnen gemacht?

Nichts, sagte ich.

Nichts nennen Sie das?

Es war nicht von Bedeutung.

Sie sind aus der Partei geschmissen worden und sagen, das sei für Sie ohne Bedeutung?

Ja, sagte ich, völlig.

Daß man Sie Verräter schimpft?

Läßt mich kalt, sagte ich.

Aber wenn Sie davon berichten?

Muß ich kalt bleiben.

Das wird Ihnen nicht gelingen, sagte sie.

Ich muß es versuchen, sagte ich.

Am Morgen des 17. November 1976 stand in der Zeitung: Die zuständigen Behörden haben Wolf Biermann das Recht auf weiteren Aufenthalt in der DDR entzogen. Zwölf Schriftsteller und ein bildender Künstler protestierten dagegen. Hundertfünfzig Kulturschaffende schlossen sich ihnen an. Danach wurden Außenstehende verfolgt, Unschuldige bestraft, Unbekannte verurteilt, wer seine Unterschrift zurückzog, ging straffrei aus.

Als Sie mir davon erzählten, sagte Mäd, haben Sie gebebt vor Empörung.

Das ist vorbei, sagte ich, das ist vorbei.

Wer sind wir schon, daß wir etwas fordern können?

Am Vormittag des 17. November 1976 ruft Heym den Hermlin an. Sie verständigen sich über Meldung und Kommentar, die sie früh in der Zeitung gelesen haben. Heym fragt Hermlin, ob sie nicht gemeinsam etwas unternehmen sollten. Hermlin meint ja, weiß aber nicht, was sie beide tun könnten. Heym hat den Eindruck, daß Hermlin die Konsequenzen fürchtet. Sie verabschieden sich, ohne etwas zu vereinbaren.

Drei Stunden später ruft Hermlin den Heym an und bittet ihn zu sich. Er habe sich etwas überlegt und möchte es mit ihm besprechen. Zu seiner Überraschung findet Heym in Hermlins Wohnung noch andere Kollegen. Hermlin hat bereits den Entwurf zu einem Protest verfaßt und schlägt vor, ihn der Französischen Nachrichtenagentur zu übergeben, dort habe er, wie er sagt, gute Bekannte.

Die Versammelten sind bereit, zu unterschreiben. Nur Christa Wolf bittet um zehn Minuten Bedenkzeit und zieht sich ins Nebenzimmer zurück.

Als sie wiederkommt, fragt sie, ob es nicht besser sei, sich zunächst direkt an Honecker zu wenden. Das wird abgelehnt mit der Begründung, so etwas würde wirkungslos verpuffen. Nur ein rascher und beherzter Protest verspreche Erfolg. Es wird beschlossen, den Protest dem »Neuen Deutschland« und »Agence France Press« zu geben. Das ND soll Erstveröffentlichungsrecht erhalten.

Um das zu sichern, wird der AFP eine Sperrfrist von drei Stunden auferlegt. Christa Wolf glaubt, die Sperrfrist sei zu kurz bemessen, kann sich aber nicht durchsetzen. Es wird überlegt, wen sie noch dafür gewinnen könnten, zu unterschreiben. Dr. Hacks, den sie anrufen, lehnt ab mit der Begründung, noch sei er nicht verrückt. Fritz Cremer, soeben aus dem Krankenhaus probehalber entlassen, sagt zu. Zu aller Überraschung erscheint im Hause Hermlins zufällig Rolf Schneider, der gleich bereit ist, zu unterschreiben.

Es gibt noch eine kleine Unstimmigkeit darüber, in welcher Reihenfolge die Namen genannt werden sollen. Hermlin ist dafür, nach dem Alphabet vorzugehen, doch Volker Braun bittet ihn um eine Unterredung unter vier Augen. Sie begeben sich ins Nebenzimmer. Als sie wiederkommen, macht Hermlin den Vorschlag, daß den Damen der Vorrang gebühre. Auch sei es so am unverfänglichsten. Daher beginnt die Liste mit Sarah Kirsch und Christa Wolf, und dann erst kommt Volker Brauns Name.

Nicht anwesend sind Erich Arendt und Jurek Bekker. Sie werden angerufen und geben telefonisch ihre Zustimmung, Arendt aus Wilhelmshorst, Becker aus

Jena. Mit dem von den Anwesenden unterzeichneten Protestbrief fahren Gerhard Wolf und Hermlin zu Bildhauer Cremer.

Der findet das Papier in Ordnung, meint aber, am Schluß sollte es nicht heißen »wir fordern«, sondern »wir bitten«. Seinem Wunsch entsprechend wird geändert, so daß von diesem Augenblick an der Protest zur Petition wird. Cremer sagt noch: Wer sind wir schon, daß wir von der Partei etwas fordern können.

Gerhard Wolf und Hermlin beteuern vor Cremer mehrfach, daß sie nicht gekommen seien, um ihn zu drängen, sie seien nur hier, um sich mit ihm zu besprechen und damit er später nicht sagen könne, sie hätten ihn übergangen.

Cremer antwortet jedesmal: Nein, macht euch keine Sorgen, ich bin dafür. Als Gerhard Wolf und Hermlin sich schon verabschiedet haben, ruft Cremer ihnen hinterher: Ja, so wie der Text jetzt laute, sei er dafür. Unklar ist, ob Cremer weiß oder ahnt, welchen Weg die Petition gehen wird.

Um das, was bei Cremer geschieht, wird später viel gestritten, denn der distanziert sich einen Tag danach bereits von der Petition und erklärt, Gerhard Wolf und Hermlin hätten seinen Namen mißbraucht.

Von Cremer fahren Hermlin und Schneider zum Gebäude des ND und geben das Schriftstück beim Pförtner ab mit dem Hinweis, es sofort dem Chefredakteur vorzulegen. In einem Begleitbrief wird die Wichtigkeit des Schriftstücks hervorgehoben. Anschließend tragen Hermlin und Schneider die Unterschriftenliste zum Franzosen. Es ist exactement 14.30 Uhr.

Als Honecker das Papier auf den Tisch bekommt, ist es achtzehn Uhr, und die Sperrfrist ist um eine halbe Stunde überschritten. Zu dieser Zeit ist der Text bereits bei westlichen Medien in Umlauf, und Honecker kann, selbst wenn er gewollt hätte, nicht mehr frei entscheiden.

Auch um diese halbe Stunde wird später viel gestritten. Hat die Partei, hat Erich nicht größeres Vertrauen verdient als drei Stunden Sperrfrist? ruft am 23. November vor Berliner Schriftstellern der Kulturminister aus, den Tränen nah, es heißt doch ausdrücklich in der Petition, ruft er, man bitte, die beschlossene Maßnahme zu überdenken. Wie könne man etwas in Ruhe überdenken, wenn einem drei Stunden Sperrfrist im Nacken sitzen? Hätte man Erich nicht wenigstens zwölf Stunden einräumen können?

Oder vierundzwanzig Stunden, ruft einer aus dem Saal. Oder vier Tage, ruft aus dem Saal ein anderer. Oder vier Jahre, ruft ein Provokateur.

War mein Fehler

Zu dieser Zeit haben sich bereits einhundertzehn Kulturschaffende der Petition angeschlossen. Die SED-Führung, besorgt darüber, daß der Protest sich ausweiten könnte, mobilisiert ihre besten Genossen, die mit jedem einzelnen der Petenten verhandeln sollen, damit er seine Unterschrift zurückziehe.

Unter den fünfunddreißig Schriftstellern sind zehn Mitglieder der SED und ein Parteileitungsmitglied, alles Berliner. Deswegen ist es zur Sache der Berliner Parteiorganisation der Schriftsteller geworden, die Petenten wieder zu disziplinierten Genossen und Staatsbürgern zu machen. Dazu finden insgesamt vier Parteiversammlungen statt, die erste am 23. November.

Es ist bekannt geworden, daß der Kulturminister dem betagten und kranken Cremer versprochen habe, daß dessen inhaftierter Schwiegersohn freigelassen werde, wenn der Bildhauer erkläre, er sei zur Unterschrift genötigt worden und ziehe sie daher zurück.

Auf der ersten Parteiversammlung am 23. November schwenkt der Minister überaus erregt eine Akte und bietet sie jedem zur Einsichtnahme an. Aus ihr gehe hervor, daß Cremers Schwiegersohn bereits zwölf Stunden vor dem Zeitpunkt in Freiheit war, als Cremer seine Unterschrift für null und nichtig erklärte, schwenkt und schwenkt die Akte, aber keiner will sie lesen.

Die zweite Parteiversammlung im Berliner Schriftstellerverband findet am 26. November statt. Am Tag danach bittet Honecker Hermlin zu sich und legt ihm einen handgeschriebenen Zettel vor, auf dem nur ein Satz steht: »Es war ein Fehler, daß wir uns an den imperialistischen Nachrichtendienst gewandt haben.«

Honecker bittet Hermlin, das Papier zu unterschreiben. Er benötige diese Erklärung für das nächste Plenum des Zentralkomitees. Er möchte verhindern, daß im ZK Beschlüsse gefaßt werden, die wie im Dezember 1965 zu einer Konfrontation von Schriftstellern und Partei führen könnten. Mit dieser von Hermlin unterschriebenen Erklärung würde er das Plenum dahingehend beruhigen, daß die Schriftsteller diesmal aus eigener Kraft und in eigener Verantwortung imstande seien, die entstandene Lage in ihrem Verband allseitig zu klären.

Honecker fragt Hermlin, warum der sich nicht am 17. November gleich an ihn gewandt habe. Hermlin sagt, er habe gewußt, daß Honecker zu der Zeit zu einer wichtigen Tagung gewesen sei. Die Petition aber hätte nicht aufgehalten werden dürfen. Darauf sagt Honecker: Wenn du dich bei mir gemeldet hättest, wäre ich aus jeder noch so wichtigen Tagung gekommen.

Nun ändert Hermlin den ihm vorgelegten, von Honecker geschriebenen Text derart: »Es war mein Fehler ...« Honecker ruft die Sekretärin, übergibt ihr das handschriftliche Blatt und weist sie an, es abzuschreiben. Hermlin erhebt zur Bedingung, daß von der maschinenschriftlichen Fassung kein Durchschlag gemacht werden dürfe. Das Blatt sei nur für Honecker im Plenum zur Vorlage bestimmt.

Bei der Eröffnung des ersten Parteiverfahrens kurz vor Weihnachten 1976 wird den Angeschuldigten ein Text vorgelegt, von dem es heißt, er stamme von Hermlin, wer ihn billige, habe nichts mehr zu fürchten. Später stellt es sich heraus, daß dieser Text nicht übereinstimmt mit dem Satz, den Honecker dem ZK vortragen will, sie glauben, Hermlin sei anderen Sinnes geworden, keiner unterschreibt das Schriftstück.

Als Hermlin davon erfährt, übergibt er der Parteileitung der Berliner Schriftsteller und der Bezirksleitung Berlin der SED ein Papier, in dem er den gemeinsam mit Honecker verfaßten Satz widerruft. Diesen Widerruf des Widerrufs widerruft er einige Tage später.

Auch gegen Hermlin war das Parteiverfahren eröffnet worden. Auf der unmittelbar darauf stattfindenden dritten Parteiversammlung wird er mit strenger Rüge bestraft. Jetzt droht ihm ein neues Parteiverfahren, denn mit dem Widerruf seines widerrufenen Widerrufs bezichtigt er indirekt Honecker der Erpressung und der Heimtücke, die Parteileitung und die Bezirksleitung aber der Urkundenfälschung.

Rüge, strenge Rüge, raus

All das, was zwischen Honecker und Hermlin unter vier Augen besprochen und geschrieben wurde, ist später mehrfach richtiggestellt worden. Zuerst hieß es, Hermlin habe Honecker ausdrücklich untersagt, den von ihm modifizierten Satz anderweitig als im ZK zu verwenden. Nun heißt es, das Unter-vier-Augen-Gespräch sei unvollständig wiedergegeben worden. In Wirklichkeit habe Honecker den Hermlin noch gefragt: Aber er erlaube doch wohl, daß der gemeinsam erarbeitete Satz der Parteileitung des Schriftstellerverbandes vorgelegt werden dürfe, was Hermlin bejaht habe.

Als die Parteileitung dann den Wortlaut in Händen hält, wird Hermlin gefragt, ob der Text nicht auch den Kollegen vorgelegt werden dürfe, gegen die am selben Tag das Parteiverfahren eröffnet wird. Man müsse doch den Kollegen die Möglichkeit geben, sich von der Petition zu trennen, ohne daß sie das Gesicht verlieren.

Dieser Argumentation stimmt Hermlin zu. Es wäre demnach nicht so gewesen, wie er zuerst behauptete: Ein verfälschter Text sei ohne sein Wissen und ohne seine Zustimmung in Umlauf gebracht worden.

Ich vermute, die erste Version stimmt. Ich vermute, daß Hermlin später zur zweiten Version überredet worden ist. Denn hätte er erlaubt, daß seinen fünf Kollegen bei der Eröffnung des Parteiverfahrens gegen sie sein mit Honecker besprochenes und bearbeitetes Papier vorgelegt werden darf, dann hätte er später seinen Widerruf nicht zu widerrufen brauchen. Der Widerruf seines Widerrufs aber ist von allen Seiten zweifelsfrei verbürgt. Auch ist verbürgt, daß gegen ihn bereits ein neuerliches Parteiverfahren schwebte. Diesmal mit dem Ziel seines Ausschlusses.

Weshalb hätte man ihn ausschließen sollen, wenn es eben erst unter großen Mühen gelungen war, den Initiator der Petition vor dem Ausschluß aus der Partei zu bewahren, den Verfasser der Petition, den Mann, der Cremer erpreßte, den Mann, der die Petition zum Franzosen trug.

Vom Inhalt des widerrufenen Widerrufs aber hat sich nichts herumgesprochen. Nur, daß er später den widerrufenen Widerruf widerrief, verhinderte ein neuerliches Parteiverfahren gegen Hermlin. Dafür spricht auch der Verlauf der dritten Parteiversammlung kurz vor Weihnachten 1976.

Veranstaltungen, die heimlich und ungestört mit

Kamera und Mikrofon aufgenommen werden sollen, finden üblicherweise in der Bezirksleitung der SED statt. So auch diese.

Ursprünglich hatte der Parteisekretär von Berlin, Herr Naumann, noch die Absicht, den Saal von einem Verband der Kampfgruppen besetzen zu lassen, einer auf den Bürgerkrieg trainierten, uniformierten und schwerbewaffneten Eingreiftruppe nach dem Vorbild der SA. Die Parteimitglieder aber sind zu der Zeit bereits so eingeschüchtert, daß er darauf verzichten kann.

Die beiden ersten, gegen die verhandelt wird, Gilsenbach und Volker Braun, werden gerügt, Hermlin aber, der eigentliche Initiator der Petition, ihr Verfasser und sein eigener Briefbote zur Französischen Nachrichtenagentur: strenge Rüge. Damit ist der versöhnliche Charakter dieser Parteiversammlung deutlich geworden. Strenger als Hermlin kann keiner bestraft werden.

Der nächste Antrag aber lautet auf Ausschluß, und zwar gegen Gerhard Wolf. Das ist die Sensation des Tages, denn nun wird klar, daß statt Hermlin andere geopfert werden sollen. Überrascht davon ist vor allem Gerhard Wolf. Eben hat Hermlin ihm mitgeteilt, daß der vorhin bei der Eröffnung des Parteiverfahrens ihm zur Unterschrift vorgelegte Quasi-Honecker-Hermlin-Text eine Fälschung der Bezirksleitung ist.

Aufgeregt redet Gerhard Wolf auf Hermlin ein, den Sachverhalt unverzüglich aufzudecken. Aber Hermlin schüttelt nur den Kopf. Gerhard Wolf wird aus der Partei ausgeschlossen. Nach der Parteiversammlung stellt er Hermlin nochmals zur Rede und verlangt, daß er die Fälschung aufdecke. Hermlin aber sagt, das sei unmöglich, da er Honecker in die Hand versprochen habe, Stillschweigen über alles zu bewahren, um dessen Mission im ZK nicht zu gefährden.

Gegen Jurek Becker lautet der ursprüngliche Antrag: Streichung aus den Listen der Partei. Dieses neue, klug eingefädelte Manöver verwirrt alle, besonders Gerhard Wolf, der sich von allen Seiten verraten glaubt. Denn wird nur er ausgeschlossen, wäre damit er als der eigentliche Urheber und Haupträdelsführer abgestempelt. Das regt ihn sehr auf.

Aber Becker beruhigt ihn: Gemach, sie werden auch mich ausschließen. Darauf hält er eine kurze kräftige Rede. Der erste Antrag wird zurückgenommen, ein neuer eingebracht, und ruck, zuck ist auch Becker ausgeschlossen. Sarah Kirsch wird aus den Listen der Partei gestrichen.

Rein jüdische Angelegenheit

Nachzutragen zum ersten Abschnitt der Vorgänge um die Petition wäre lediglich noch der Besuch des Kulturministers der DDR in Moskau. Unmittelbar nach Bekanntwerden der Bittschrift wird er nach Moskau zur Berichterstattung gerufen. Zunächst erklärt er dem SU-Mann, wer da ausgebürgert wurde: Sohn jüdischer Eltern aus Hamburg, 1953 in die DDR gekommen, dann mit Gedichten gegen die Partei und ihre Repräsentanten hervorgetreten.

Der SU-Mann fragt, wie ein so unbekannter Mensch plötzlich in den Mittelpunkt der Weltöffentlichkeit treten könne. Auf diese Frage ist der Kulturminister vorbereitet. Er zieht ein in der SU veröffentlichtes Buch aus der Tasche und zeigt ihm den Namen: So unbekannt sei der Mensch nun doch nicht. Listigerweise, wie der Kulturminister später engsten Vertrauten erzählt, hat er dem SU-Mann nicht gesagt, daß nur die erste Auflage der sowjetischen Ausgabe Verse dieses Dichters enthält, in weiteren Auflagen sind diese Seiten nicht wieder gedruckt worden.

Der SU-Mann kann sich noch immer kein Bild von der Lage machen. Da der SU-Mann antisemitisch eingestellt ist, sagt der Kulturminister: Das alles sei inzwischen zu einer rein jüdischen Angelegenheit geworden. Er brauche sich nur die Liste der Namen anzusehen, alles Juden. Der größte Teil von ihnen zumindest. Die Nichtjuden seien die Verführten. Wie der SU-Mann wohl wisse, seien die Juden in harten Zeiten gegenüber der Partei loyal, und sie würden frech in normalen Zeiten. Das werde sich aber nun ändern.

Was Heym betreffe, so sei seine Teilnahme an der Petition noch aus anderem Grunde erklärlich. Der wäre während des Krieges beim amerikanischen Geheimdienst gewesen, und wer einmal beim Geheimdienst war, bleibe Geheimdienstler sein Leben lang.

Der Petöfi-Kreis 1956 in Ungarn, die Chartisten 1968 in der Tschechoslowakei und die Petenten 1976 seien von derselben außengelenkten Art, die Errungenschaften des Sozialismus zu zerstören und trotzkistische (sozialdemokratische? meine Aufzeichnungen sind in dieser Frage nicht genau) Zustände einzurichten. In der DDR aber habe die Partei rechtzeitig zugeschlagen und die Rote Armee davor bewahrt, einschreiten zu müssen.

Wir haben der SU den Beweis geliefert, daß in der DDR stabile Verhältnisse herrschen und daß wir mit unseren Problemen gut selbst fertig werden können. Sagt der Minister.

Es ist, als seien alle gelähmt

Der Gedanke, die Petition sei vielleicht nicht spontan, sondern außengesteuert entstanden, ist gleich nach ihrem Bekanntwerden aufgetaucht, ebenso früh wie der Gedanke, daß ihr Inhalt nur dem Worte nach dazu bestimmt war, den verbannten Dichter wieder ins Land zu holen. Die Frage ist, gesteuert von wo, von wem? Und was war der eigentliche Zweck der Petition? So, wie dieser Text formuliert war, und so, wie er dann an die Öffentlichkeit gebracht wurde, hätte keine Regierung der Welt sich darauf einlassen können, es sei denn eine polnische im Stadium größter Schwäche.

Diese Chronik laufender Ereignisse wurde verfaßt, um Antworten auf die Frage zu finden.

Überliefert ist dieser Gedankengang des Ersten Sekretärs der Bezirksleitung Berlin der SED, Herrn Naumann: Es ist doch interessant, zu beobachten, wer da plötzlich aus seinem Rattenloch kriecht. Aber die Arbeiterklasse braucht nur einmal kräftig mit dem Fuß aufzustampfen, und sie verpissen sich wieder in ihre

Schlupfwinkel. Wir haben sie nun erkannt, und wir werden ihre Schnauzen nicht vergessen. Und wer sich nicht verdünnisiert, den werden wir zerschmettern.

Ganz anders gesteuert sieht Vorsitzender Görlich die Petition. Auf der ersten Parteiversammlung der Berliner Schriftsteller trägt er diesen Gedanken vor: Die BRD hat im Verlaufe des Jahres 1976 die ideologische Konfrontation ständig verschärft, um sich gegenüber der DDR auf der Belgrader Nachfolgekonferenz eine günstige Ausgangsposition zu verschaffen. Sie hat alles getan, die Bürgerrechtsbewegung der DDR anzukurbeln und arglose Bürger zur Ausreise aufzuhetzen. Unmittelbar vor den Bundestagswahlen wurde gezielt Kunzes Buch »Die wunderbaren Jahre« herausgebracht. An der Bochumer Initiative unter der Losung »Meinungsfreiheit – Freiheit der Reise« haben sich eigenartigerweise Politiker wie Bahr, Eppler und Schütz beteiligt ebenso wie der DDR-Verräter Heinz Brandt und Antikommunisten wie Dutschke und Flechtheim.

Der genannte Dichter, für den da Freiheit der Reise gefordert wurde, hat sich als Werkzeug zu dieser Provokation angeboten. Er hatte vierzehn Tage (oder Jahre?, das Wort ist in meinen Aufzeichnungen nicht eindeutig zu entziffern) zur taktischen und strategischen Vorbereitung seiner Reise. Was er dann bot, war kein Konzert, sondern ein antikommunistischer Kommentar mit Gesangseinlagen.

Wann übrigens hat die ARD ihr Abendprogramm zugunsten aktueller Sensationen derart radikal geändert? Bei Adenauers Tod, beim Mord an Kennedy, bei den Ungarnereignissen.

Nach der Rede von Görlich rührt sich keine Hand, aber auch kein Protest. Es ist bei ihm immer die Frage, ob er daran glaubt, was er sagt. Tatsächlich hat er einen politischen Fehler begangen, den der Kulturminister kurze Zeit später repariert, indem er alle Schuld auf sich nimmt, sich gewissermaßen mit seinem Leib in die Bresche wirft, die Görlich im Übereifer verursachte.

Es ist das Trauma der SED seit der Währungsreform, seit der Gründung der Bundesrepublik Deutschland, in den Augen des Volkes hingestellt zu werden als eine Partei, die lediglich auf den Gegner reagiert und nicht imstande ist, aus eigener Einsicht politisch weitsichtige Entscheidungen zu treffen. Dieser Verdacht entstand, als ihre Lügen bekannt wurden, mit denen sie versuchte, ihre Taten zu verschleiern. In Wahrheit ist die SED seit ihrer Gründung offensiv gewesen, befand sich in ihren Handlungen jedoch auch immer im Gegensatz zum Inhalt ihrer Propaganda.

So hat sie jahrelang das Bestehen der Kasernierten Volkspolizei geleugnet, weil sie glaubte, es nicht zugeben zu dürfen, während sie offen gegen die Militarisierung Deutschlands auftrat. Görlich hatte soeben in gutem Bemühen die DDR-Regierung und die SED als unschuldiges Opfer der BRD hingestellt, eine Argumentation, die auf Mitleid zielt, dabei aber die führende Rolle der Partei untergräbt.

Nach Görlich sprechen noch fünf andere im gleichen Timbre, und für keinen rührt sich eine Hand. Es ist, als seien alle gelähmt. Holtz-Baumert mahnt, die Petenten nicht zu verdammen, sondern ihnen zu helfen. Alle sind baff. Drei Tage später auf der zweiten Parteiversammlung nach Verfassen und Verbreiten der Petition wird er nicht mehr gelähmt sein und mahnen, er wird aufspringen, und seine Stimme wird sich überschlagen vor Wut.

Kerndl sagt: Ab heute müssen wir uns bemühen, einiges in unserem Verhältnis zueinander und zur Partei zu klären. Eine Wiebach, die ich nicht kenne, bezichtigt den verbannten Dichter der Lüge, denn noch nie sei es vorgekommen, daß in der DDR jemand wegen eines politischen Witzes eingesperrt wurde, sie könne das so gradheraus sagen, weil sie hauptamtlich im Justizwesen beschäftigt sei. Sogar sie vermag es nicht, irgend jemand zu einem Wort der Freude oder des Unmuts zu bewegen.

Kamnitzer respektiert, daß es Leute gibt, die gegen ein vermeintliches Unrecht aufbegehren. Die Petenten hätten leider nicht bedacht, daß sich der später zu Recht Verbannte in hohem Grade strafbar gemacht habe. Eigentlich hätte er vor Gericht gestellt werden müssen, aber was hätte das für eine Hetze gegen die DDR ausgelöst, die Ausbürgerung war die beste Lösung.

Kenne dich, bist ein Schädling

Alle, die sprechen, haben, scheint es, den qualvollen Wunsch, die Partei zu rechtfertigen, bitten um Verständnis. Noll sagt, er glaube, mit der Ausbürgerung sei die Partei dem Gegner ins offene Messer gelaufen.

Vielleicht hätte man den Fall überdenken können, aber nach dem ultimativen Brief war eine Zurücknahme unmöglich, was könne man tun, klagt er, um wieder zusammenkommen, er sei ratlos, er wisse nicht weiter.

Da kommt es zum erstenmal an diesem Nachmittag zu einer Reaktion. Du bist jetzt seit dreißig Jahren in der Partei und müßtest wissen, was da zu tun ist, schreit Li Weinert. Alle wenden sich zu ihr um. Alle starren sie stumm an. Als Anna Seghers ans Pult geht, bekommt sie langen, lauten und warmherzigen Beifall. Es ist, als habe der Zwischenruf die Leute im Saal aus der Hypnose geweckt.

Es gibt viele, die ihr nicht zuklatschen. Sie hat immer offen ihre Meinung gesagt und die Funktionäre zur Raserei gebracht. Selbst wenn alle verstummt sind wie heute, sagt sie das Ihre. Aber wer glaubt, er könne nun an ihre Seite treten, wird enttäuscht. Auch heute wird sie nach ihrer Rede, die bestimmt hart ausfällt für die Funktionäre, sich nicht mehr setzen, sondern sie wird nach links und rechts lächeln, winken und hinfällig nach Hause tappeln. Es heißt, im mexikanischen Exil sei sie zwei Mordanschlägen um Haaresbreite entgangen.

Der Hermlin, erklärt Frau Seghers, war ihr Freund und sei es noch, trotzdem müsse sie ihn jetzt kritisieren. Das Schreckliche an der Sache ist, daß meine Freunde den Brief an die Auslandspresse gegeben haben. Wie kommt es, daß meine besten Freunde so dumm sein konnten? Es ist viel geschwindelt worden in den letzten Tagen. Meine Freunde haben geschwindelt, und die Funktionäre haben geschwindelt. Meine Freunde haben geschwindelt in der Frage, zu welcher Agentur sie gegangen sind, zur westdeutschen?

Hermlin: Nein.

Seghers: Zur französischen?

Hermlin: Ja.

Stimmt es, fragt Frau Seghers, daß man bei uns Sachen nicht ausdiskutieren kann? Daß der ausgebürgerte Dichter eine Begabung sei, daran gebe es keinen Zweifel. Daß er eine gefährliche Begabung ist, daran zweifelt ebenso keiner. Der ist doch wie eine brasilianische Macumba, die die Leute verhext. Jetzt wird er ganz absacken.

Kann man sich bei uns nicht aussprechen? fragt Frau Seghers wieder und wieder. Warum hat man diesem jungen Menschen damals dieses schreckliche Auftritts- und Publikationsverbot auferlegt? Warum hat man nach dem VIII. Parteitag keine Möglichkeit gesucht, um dem Menschen näherzukommen? Um die Sache friedlich aus der Welt zu schaffen? Warum hat man vor seiner Ausreise nach Köln nicht mit ihm gesprochen? Jede kleine Sängerin, die ausreisen will, darf erst, wenn vorher ihr Programm ausdrücklich bestätigt wurde, aber dieser Mensch wird ohne ein Wort rausgelassen? Warum?

Oder war das alles Teil eines Plans? Hat man geliebäugelt mit der Idee, er werde in Köln etwas anstellen, und ließ ihn deshalb raus? War das alles vielleicht ein geplantes Unternehmen, um einen Gegner von Format mundtot zu machen?

Da kommt es zur zweiten Reaktion an diesem Nachmittag. Gotsche, Schweißtropfen auf der Stirn und rot im Gesicht, schreit etwas. Erschrockene Gesichter ringsum. Es war dasselbe Wort, das ich später von Mäd so oft hören werde. Frau Seghers wendet sich direkt an ihn, tappelt sogar zwei kleine Schritte in die Richtung, wo er sitzt. Ich kenne dich, Gotsche, sagt sie, ich hab dir schon früher gesagt, daß du ein Parteischädling bist, und das, was du eben gesagt hast, ist auch parteischädigend.

Warum habt ihr mich erst benachrichtig, als die Sache vorbei war? Junge Leute kommen zu ihr ins Haus und fragen sie, wer sagt uns nun noch die Wahrheit? Ich glaube nicht, sagt sie, daß ihr Funktionäre wißt, was in den Wohnungen gesprochen wird. Keinerlei Strafen sollen die Petenten treffen. Sie gibt zu bedenken, daß sich mittlerweile so viele wertvolle Menschen der Petition angeschlossen haben im Vertrauen auf den guten Namen der Erstunterzeichner, im Vertrauen auf deren Lauterkeit, im Vertrauen auf deren Verantwortungsbewußtsein. Jede Strafe, ob sie den Erstunterzeichner trifft oder den später Hinzugekommenen, würde der Partei schweren Schaden zufügen.

Das Schlimmste scheint überstanden zu sein. Der Inhalt der Petition hat sich auf eigenartige Weise gewandelt. Es ist, als sei die Bitte nie ausgesprochen worden, den verbannten Dichter wieder ins Land zu lassen. Man fragt jetzt nur noch, ob die Petenten bestraft werden sollten oder nicht. Die neue Initiative »Freie Wahl des Wohnortes – Freiheit der Rückreise«, das war schließlich der Inhalt der Petition dem Buchstaben nach, wird von keinem Redner angesprochen.

Ein Herr Klein, den ich nicht kenne, beklagt sich darüber, daß sich die Partei immer nur mit den Aufsässigen und Abtrünnigen befasse, nie aber liebevoll mit den parteitreuen Schriftstellern. Henniger hetzt lustlos: Es sehe aus, als hätten einige der Petenten Angst um ihre Westkonten, keiner begreift, was er damit sagen will. Hermlin spricht lustlos über Heine, sich und den Weg der Petition. Die Diskussion zerfasert. Viel zu sagen bleibt nicht.

Dem Feind verkauft

Da eilt der Kulturminister ans Pult, und zwar mit solcher Wucht, daß er beinahe stürzt. Er habe seit langem die Ausbürgerung leidenschaftlich betrieben. Kein anderer als er habe das, was geschehen ist, zu verantworten. Er habe sich den Kölner Auftritt im Radio angehört und danach dringend gebeten, die Sache zu beschleunigen.

Eine Sache, über die in höchsten Parteikreisen offenbar seit einiger Zeit diskutiert wurde und deren Ergebnis schon feststand, sollte beschleunigt bekannt werden? Demnach bestand die Absicht, die ganze Tournee abzuwarten, ob der Mann noch mehr Beweise liefert. Was aber, wenn er später nur antifaschistische Lieder singt? Dann wäre der schöne Plan nicht ausführbar. Ohnehin ist bekannt, daß der Liedermacher von seinem Freund genötigt worden sei. Ursprünglich habe er ein antifaschistisches Liederprogramm zusammengestellt, aber der Freund habe es verworfen: Mit so was könne er bei seinem ersten Auftritt nach dreizehn Jahren drüben kaum landen. So ist das eigentliche Ergebnis dieser ersten Parteiversammlung nach Verfassen und Verbreiten der Petition das unfreiwillige Eingeständnis, daß dem Liedermacher eine Falle gestellt worden ist. Das pfeifen zwar längst die Spatzen von den Dächern, aber es offen eingestehen, nein.

Angesichts der Person Hermlins aber stehen sich zwei Gruppen von Partei- und Kulturführern unversöhnlich gegenüber. Die einen wollen den Mann für etwas bestrafen, was er getan hat. Die anderen wollen den Mann belohnen für etwas, woran er wissentlich vielleicht nicht beteiligt war. Welche Gruppe sich durchsetzt, zeigt sich bald, davon wurde schon erzählt, als es gelingt, ihn mit strenger Rüge entwischen zu lassen, zeigt sich später, als er mit dem Vaterländischen Verdienstorden in Gold ausgezeichnet wird.

Nachdem der Kulturminister Hermlin beschuldigt hat, den schwerkranken Cremer erpreßt zu haben, ein Vorwurf, den Cremer in einem Brief an Hermlin ausdrücklich bestätigt, geht er auf die weiteren Verfehlungen seines hohen Gegners ein. Er bezichtigt ihn der Kollaboration mit dem Feind, und er bezichtigt ihn, sich dem Feind verkauft zu haben.

Unter Stalin hätte eine der beiden Denunziationen genügt, den Mann zu erschießen. Aber es sind andere Zeiten. Daher muß der Kulturminister sicherheitshalber doppelt nähen. Auf der PEN-Tagung in London, sagt er, habe Hermlin einer Resolution der Amerikaner gegen die Sowjetunion zugestimmt, und das in einem Augenblick, als die imperialistischen Mächte weltweit gegen die sozialistischen Länder in der Offensive waren.

In einer langen und stockend gehaltenen Rede rechtfertigt sich hinterher Hermlin, indem er den Sachverhalt erläutert: In der Sowjetunion waren Schriftsteller wegen ihrer Werke, die sie im Ausland veröffentlicht hatten, verurteilt und verschleppt worden. Dagegen hatten die Amerikaner protestiert. Diese Resolution habe er, Hermlin, aus Sorge um seine verhafteten sowjetischen Kollegen gebilligt. Er habe sich dazu berechtigt gesehn, da amnesty international zum erstenmal in ihrem Jahresbericht die DDR nicht aufgeführt hatte in der Liste der Länder, in denen Menschen wegen ihrer politischen Gesinnung verfolgt werden.

Und, sagt der Kulturminister, Hermlin sei der Akademie der Künste in West-Berlin beigetreten, ohne vorher den Minister davon zu verständigen. Erst als alles schon gelaufen war, habe er ihn beiläufig davon informiert. In dieser Frage habe er sich schäbiger verhalten als Kunze. Als jener Mitglied der Bayerischen Akademie der Schönen Künste wurde, habe er vorher den Minister um seine Zustimmung gebeten.

Mit einem rhetorischen Kunstgriff gelingt es dem Minister, Hermlins Akademiesache so hinzustellen, als seien damit erhebliche Geldzuwendungen verbunden, so daß der Beschuldigte in der Entgegnung richtigstellen muß: die Westberliner Akademie zahlt keinen Sold.

Das alles wird, wie gesagt, am 23. November 1976

durchgesprochen. Hundertfünfzig Genossen Schriftsteller sind zu dieser Parteiversammlung erschienen und werden genötigt, der Peep-Show ihrer Partei- und Kulturprominenz beizuwohnen. Daß zu dieser Zeit Jürgen Fuchs bereits vier Tage im Knast sitzt, weil er sich im Vertrauen auf die Lauterkeit der Erstunterzeichner und auf deren Verantwortungsbewußtsein der Petition angeschlossen hatte, wird nicht besprochen. Auch nicht, daß zu dieser Zeit die beiden Liedermacher Christian Kunert und Gerulf Pannach bereits seit zwei Tagen eingesperrt sind, daß junge Dichter und Dichterinnen, ob sie sich der Petition angeschlossen haben oder nicht, kopflos vor Angst ihre Manuskripte vom einen Versteck ins andere schleppen, verfolgt von Autos der Staatssicherheit. Das alles ist bekannt und geht in den Pausen von Ohr zu Ohr, doch niemand schreit es zornig heraus oder bittet, die Verfolgungen zu überdenken.

Fuchs hat mir vor einem Monat seine Gedichte zugeschickt, sage ich abends zu Christa Wolf, was, meinst du, könnte ich jetzt damit tun? – Verbrennen, sagt sie.

Und wer zählt unsere Herzanfälle?

Es wird in diesen Aufzeichnungen mancherlei erzählt, das melodramatisch klingen mag oder politpornographisch. So werde ich nachher beispielsweise aus meinem Notizbuch abschreiben: Dabei kommen ihm die Tränen. Er wischt sich die Augen, schluckt mehrfach und schickt sich an, das Podium zu räumen. Macht einige Schritte, bleibt stehen, den Kopf gesenkt. Es scheint, als könne er vor Rührung nicht weitersprechen. Aber vereinzelter Beifall bringt ihn dazu, wieder hinter das verwaiste Rednerpult zu treten.

Derart werde ich nachher das Detail eines Schaustückes wiedergeben, um die allgemeine Stimmung und den Kampf einzelner zu veranschaulichen. Ich kann sogar sagen, wie lange die einzelnen Bewegungselemente gedauert haben, denn die Vorgänge um die Petition hatten mich so ernüchtert, daß ich imstande war, auf die Uhr zu sehen und die Zeit zu nehmen.

Führend daran beteiligt, Hermlin zu bestrafen, ist der Kulturminister, führend daran beteiligt, Hermlin zu belohnen, ist Hermann Kant. Der eine setzt alles auf eine Karte am 23. November während der ersten Parteiversammlung nach Verfassen und Bekanntwerden der Petition, der andere setzt alles auf eine Karte am 26. November, der zweiten Parteiversammlung.

An diesem 26. November sind alle Genossen Petenten anwesend außer Christa Wolf, die auf dem Weg hierher mit einem Herzanfall zusammengebrochen ist. Der Kulturminister sagt dazu: Und wer zählt unsere Herzanfälle?

Auf der letzten Parteiversammlung hatte sich Bengsch als erster Redner angekündigt. Jetzt analysiert er scharfsinnig die Situation als zusammengebrochene Konterrevolution. Es gehe den Leuten, die sich der Petition angeschlossen haben, darum, in der DDR eine sozialdemokratische Plattform zu schaffen. Sie hätten sich als ferngelenkte Werkzeuge der SPD entlarvt. Der Entschlossenheit der Partei sei es zu verdanken, daß der Versuch, sozialdemokratische Zustände in der DDR herzustellen, vereitelt wurde. Er rechnet vor, zu welchem Preis der Dichter bereit war, die DDR zu verraten, und nennt eine sechsstellige Zahl.

Frau Steineckert behauptet, sie habe in den letzten Tagen nüchterne und erwachsene Menschen weinen sehen vor Schmerz darüber, daß es einem Dutzend Schriftsteller gelingen konnte, die Partei an den Abgrund zu manövrieren. Sie habe aber auch die Meinung gehört, daß nach der Ausbürgerung des Dichters und Liedersängers das deutsche Lied wieder für hundert Jahre einschläft. Sie beteuert, daß es so nicht kommen werde, weder für fünfzig Jahre noch für zehn, nicht einmal für ein Jahr oder einen Tag.

Sie erzählt dann Intimitäten aus ihrer langjährigen Freundschaft zu dem Verbannten, den sie einen gewissenlosen Lumpen nennt. Alle Bemühungen der Kulturbehörde habe der Mensch hämisch abgewiesen. Er wolle nicht in diesem Scheißland veröffentlicht werden, habe er ihr einmal gesagt, er wolle ins Gefängnis, dann schreibe er seine Gefängnistagebücher und kriege den Nobelpreis.

Ernst Busch habe er einen senilen Tattergreis genannt, und aus Unmutsäußerungen anderer habe er ein meterlanges Gedicht gemacht und das Tonband dem Kulturminister geschickt, womit er seine besten Freunde denunzierte.

Kein Wort mehr von Überdenken, Nachdenken, von Denken überhaupt in irgendeiner Art und Weise. Eine Redeflut entlädt sich über die kauernde Parteiversammlung.

Die Versammelten lauschen und kauern

Die Petenten erklären weitschweifig, was sie ärgert an der Partei, was die Partei ihnen angetan hat, warum sie nicht länger schweigen konnten, nicht länger schweigen können, nicht länger schweigen werden. Wie sie in die Partei gekommen sind, was sie von ihr erwarten.

Damals hat mir Dr. Bauer gesagt: Du kannst die Partei nicht fertigmachen. Aber wir können dich fertigmachen, erklärt Kunert. Dr. Bauer, der im Präsidium sitzt, lächelt vor sich hin und schüttelt den Kopf, als könne er die faustdicke Lüge nicht fassen. Das ist nicht mal schlecht gespielt. Hermann Kant springt ihm zu Hilfe: Dr. Roland Bauer, ruft er, ist mein Freund. Ihm glaube ich mehr als Kunert. Niemand nimmt Kunert in Schutz vor dem Komplott der beiden berüchtigten Fertigmacher.

Damals hat mir ein führender Genosse gesagt, liest Gerhard Wolf aus dem Brief seiner Frau vor: Sie können jetzt einen flammenden Protest gegen den Krieg der Amerikaner in Vietnam verfassen, wir werden ihn nicht publizieren. Wieder schüttelt Dr. Bauer den Kopf. Er ist mit dieser Beschuldigung nicht gemeint, daher schüttelt er den Kopf stellvertretend für einen anderen.

An dieser Stelle hätte man einen den Kopf schütteln lassen sollen, der den Versammelten glaubwürdiger erscheint. So weiß nun jeder, daß es so war, wie Gerhard Wolf es vorliest. Dr. Bauers allzu eifriges Bestreiten hat die Richtigkeit des Vorfalls bewiesen.

Das sind Erinnerungen von Kunert und Wolf, die noch aus dem düsteren Dezember 1965 stammen, als die Partei die Peitsche über ihre besten Dichter schwang und sie für Jahre zum Schweigen brachte. Jeder von uns hat solche Erinnerungen. Auch Hermlin, der an anderem Ort und zu anderer Zeit erzählte, wie sie ihn jahrelang nicht ins westliche Ausland ließen, und als er dann einmal durfte, wurde auch er zu einem hohen Kulturfunktionär gerufen, der ihm sagte: Mit dir könnten wir verfahren wie mit dem Bischof Scharf. Du kannst jetzt reisen, aber wenn du zurückwillst, wird vielleicht das Tor für dich zu sein.

Wer sich der Petition anschloß, rechnete wohl kaum damit, den verbannten Dichter ins Land zurückzuholen. Da wurde mitunter Unwägbares von Gewicht. Viele Jahre ohnmächtig ertragener Beleidigungen spiegeln sich in dem kleinen und unschuldigen Papier, das später »Die Petition« genannt wird. Die Partei weiß, was ihr blüht, als sie die Namen liest. Sie weiß, was sie jedem von ihnen angetan hat. Sie kennt aber auch die Menschen, die unterschrieben haben, und weiß, wie sie jeden von ihnen behandeln muß, um ihre Ziele zu erreichen. Jeden wird sie anders behandeln, jeden entsprechend seinem Charakter.

Es sind alles Abschiedsreden an diesem 26. November. Als Hermann Kant ans Podium tritt, klatscht demonstrativ Ruth Werner, klatscht und klatscht, niemand schließt sich ihr an.

Etwas unmotiviert, wie es zunächst scheint, philosophiert er über Freundschaft im allgemeinen und über seine Freundschaft zu Hermlin im besonderen. Wie es so ist mit Freundschaften, man ficht und streitet miteinander, man sieht sich manchmal lange Zeit nicht, niemals aber wird es in dieser Freundschaft einen Augenblick geben...

Die Versammelten kauern und lauschen, schauen sich gegenseitig fragend an: ick hör wohl nich richtich, oder bin ick inner falschen Versammlung? Sin dis hier vleicht Fadfinder? Der Mann am Podium zwingt uns, hinzuhören, und keiner steht auf und nimmt ihm das Podium weg?

Keiner traut sich. Dazu sind die Weichen allzu deutlich gestellt in dieser Parteiversammlung. Eben erst hat Kurt Stern gesagt, daß auch er auf der Liste der Petenten stehen würde, wäre er zur Zeit, als sie umlief, im Lande gewesen, worauf Hauser quer durch den Saal fragt: Das verstehe ich nicht, Kurt, meinst du damit, daß auch du ausgeschlossen werden willst? Das ist die Sprache an diesem 26. November, das und was der Mann hinterm Podium sagt.

An der Macht

Er sei soeben aus Moskau zurückgekehrt, sagt Kant mit bewegten Worten, und seine erste Frage galt seinem Freund Hermlin. Er könne gar nicht sagen, wie groß seine innere Freude war, als er hörte, daß sein Freund von dem Weg, den die Petition zu den imperialistischen Medien genommen hat, abgerückt sei. Es war ein Fehler, habe er gehört, hat Hermlin gesagt, zum imperialistischen Nachrichtendienst gegangen zu sein, und er werde, falls verlangt, die Konsequenz tragen.

Mit noch bewegteren Worten beschwört Kant die jahrzehntelange Freundschaft und die Trauer, die ihn erfüllte, als er von dem schrecklichen Mißgriff Hermlins hörte. Dabei kommen ihm die Tränen. Er wischt sich die Augen, schluckt mehrfach und schickt sich an, das Podium zu räumen (4 sec), macht einige Schritte, bleibt stehen, den Kopf gesenkt, es scheint, als könne er vor Rührung nicht weitersprechen (7 sec), aber vereinzelter Beifall bringt ihn dazu, wieder hinter das verwaiste Rednerpult zu treten (5 sec).

So wird Hermlin für die DDR gerettet. Der korrigiert hinterher zwar Kants Interpretation seines bedeutungsschwangeren Satzes: Er habe keineswegs gesagt: Es war ein Fehler, daß wir uns an den imperialistischen Nachrichtendienst gewandt haben. Das war die Formulierung im Handschreiben für den Genossen Honecker; der Satz, auf den mein Freund Hermann Kant anspielt, kleine Pause, er scheint gerührt zu sein, also, der Satz lautete: Wenn es ein Fehler gewesen sein sollte, daß er ... dann sei er bereit, die Konsequenzen zu tragen. So korrigiert er penibel den Kant, aber wem im Saal gelingt es noch, die feingewobenen Täuschungen zu erfassen und zu begreifen.

Zur selben Zeit, da hier ein so genaues Spiel mit Worten stattfindet, sind schon in Jena mehr als vierzig Arbeiter und Studenten verhaftet, die sich der Petition im Vertrauen auf den guten Namen der Erstunterzeichner, auf deren Lauterkeit und deren Verantwortungsbewußtsein angeschlossen haben;

wird der Name des Dichters Bernd Jentzsch auf die Fahndungsliste gesetzt, weil sein offener Brief an Honecker bekanntgeworden ist. Er ist der erste von insgesamt mehr als hundert Kulturschaffenden, die in den nächsten fünf Jahren in die Fremde sickern;

schmuggeln Schriftsteller ihre Aufzeichnungen und Manuskripte über die Grenze, und wer es nicht kann, vergräbt oder verbrennt sie;

häufen sich in den Vernehmungszimmern der Staatssicherheit Werke der bildenden Kunst, Tagebücher, Manuskripte, Briefe, Noten und Schallplatten.

So kommt Kant an die Macht. Bisher galten Erwin Strittmatter und Christa Wolf als die beiden einzig möglichen Kandidaten für den Posten des Präsidenten der Schriftsteller, seit feststeht, daß Frau Seghers aus dem Amt scheidet.

Nachdem er Hermlin vor der Gefahr gerettet hat, auswandern zu müssen, rettet Kant in den nächsten Wochen noch Christa Wolf, die hartnäckig darauf besteht, dieselbe Strafe zu erhalten wie ihr Mann, und der ist ausgeschlossen worden aus der Partei. Bei der Wahl der Methoden, sie zu beeinflussen, ist er nicht fein. Er geniere sich, tuschelt er ihr zu, mit diesen Fressen zusammensitzen zu müssen und dabei mehr und mehr zu vereinsamen, er möchte lieber ehrliche Gesichter neben sich wissen.

Die Fressen, das sind nach seiner Rede Gotsche, Neutsch, Abusch, Schulz, Noll und dergleichen. Er bearbeitet Christa Wolf so lange mit Redensarten, bis ihr Urteilsvermögen so weit geschwächt ist, daß sie den Sinn des Satzes nicht begreift, als sie sagt: Unter den damaligen Bedingungen war das, was sie in Hermlins Wohnung und hinterher am 17. November verfaßten, die einzig vorstellbare Möglichkeit, auf etwas zu reagieren, das sie als Unrecht erkannt hatte, dieser Vorgang aber sei nicht beliebig wiederholbar.

Sie sagt es an einem Januartag des Jahres 1977. Hermann Kant springt auf und klatscht ihr zu.

Die Zeit der Abrechnung war gekommen

Am Tag, als ich verhaftet wurde, sagte Mäd, hatte ich mich vorbereitet, in die Nervenklinik zu gehen.

Weshalb?

Weshalb? sagte sie ungeduldig auf meine Frage. Sie hatte eben erst als Lehrerin an der Militärakademie angefangen. Im Herbst kam sie ans Plechanow-Institut, und im Januar wurde sie verhaftet, in dieser kurzen Zeit hatten fünf Parteisekretäre des Instituts gewechselt. Damals belauerte in Moskau jeder jeden. Nicht, daß die Menschen alle schlecht und falsch gewesen wären, das nicht, aber jeden Morgen hieß es, weißt du schon, der ist verhaftet, die und die und der und der. Die Gerüchte, die umgingen, verschlimmerten alles noch. Und diejenigen, die noch nicht verhaftet worden waren, sagten sich: Kann ich die Hand für den Freund ins Feuer legen?

Ich selbst war ja unschuldig, sagte Mäd.

Aber, sagte sie, je mehr Menschen verhaftet wurden, desto unsicherer sei sie geworden, und desto hartnäkkiger habe sie in der eigenen Vergangenheit gegraben, ob nicht doch eine Sünde zu finden wäre. Längst vergessene Episoden tauchten in der Erinnerung auf, die – betrachtete man sie mal von der anderen Seite – durchaus imstande waren, Zweifel an der eigenen Loyalität der Partei gegenüber aufkommen zu lassen. Von wegen immer treu zur Sache gestanden. Da hatte man schon mal widersprochen. Da hatte man sich schon mal gegen einen Beschluß aufgelehnt. Da hatte man schon mal gezweifelt.

In der Sowjetunion nicht. An dem, was in der Sowjetunion geschah, waren Zweifel, Widerspruch oder Auflehnung ausgeschlossen, absolut. Wenn man zweifeln, widersprechen, sich auflehnen wolle, dann, bitteschön, in Deutschland, der verfluchten Heimat, die es so weit gebracht hatte, daß dort die Nazis regierten. Dort im unklaren gewesen zu sein, wenn es geheißen hatte, sich zwischen Ruth Fischer und Heinz Neumann zu entscheiden, war natürlich und verständlich. Es war schwer gewesen, all die Jahre einen klaren Kopf zu behalten angesichts der Rede Radeks über Schlageter und der Sozialfaschismustheorie. Levi und Thalheimer, Ernst Meyer und Brandler, Torgler und Remmele, Maslow und Ernst Thälmann, jeder Name ein Symbol. Jeder Name stand für eine Politik, die mal richtig und mal falsch war, mal gut und mal schlecht. Wer fand sich da zurecht? Jetzt in Moskau war die Zeit der Abrechnung gekommen.

Als Kind in der Speisekammer, sagte Mäd, habe sie sich immer unruhig beim Naschen umgesehen, aus welcher Ecke wohl Gottes alles sehendes Auge sie beobachte, wenn sie nichts Verdächtiges bemerkt hatte, war es wohl möglich, rasch mit dem Finger ins Marmeladenglas zu fahren. Die Unruhe aber blieb und wurde nach jedem Vergehen größer, denn Gott sah alles, selbst durch die dicksten Mauern.

So ungefähr müssen Sie es sich vorstellen, sagte sie, wie es kam, daß ich unruhig wurde und Angst kriegte, von Tag zu Tag mehr.

All die geheimen Zweifel waren der Partei nicht verborgen geblieben. Zuerst lief sie nächtelang durch fremde Straßen. Sie ging nicht mehr ins Institut. Dann wieder schloß sie sich in ihre Wohnung ein, zog die Gardinen zu und wartete Tag und Nacht. Bis ein Freund sie besuchen kam, Alex, dem sie das Herz ausschüttete. Der meldete sie in der Nervenklinik an. Dort sei sie einigermaßen sicher und in guter Pflege. Sie solle sich nicht einschließen, solle keine Panik zeigen, nichts an ihrem Leben solle sich ändern. Ins Institut zu gehen brauche sie nicht, der Leiter, die Direktoren, die Lehrer, alle seien schon verhaftet. Also zu Hause bleiben, sagte Alex, die Tür nicht verschließen, auf die Sanitäterin warten, die sie in die Klinik bringen wird.

Ohne Alex hätte sie die Zeit wahrscheinlich nicht so gut überstanden. Aber, wenn sie heute an Alex denke, komme ihr manchmal ein neuer Gedanke. Er war nämlich sehr oft bei ihr und ermahnte sie immer wieder, sich nicht einzuschließen, nicht wegzufahren. Auch bei ihrer Verhaftung war er anwesend.

Was aber, wenn er den Auftrag hatte, dafür zu sorgen, daß keine Panik entstünde? Zwar wurde er bald nach ihr auch verhaftet, und wie sie später erfuhr, soll er gleich erschossen worden sein, damals aber hat er vielleicht geglaubt, er könne sich retten, wenn er... aber, nein, sie verwarf den Gedanken gleich, das wäre denn doch ein allzu starkes Stück, obwohl, wenn sie sich alles im Zusammenhang überlege... Und dann klingelte es eines Nachts. Das wird die Sanitäterin sein, sagte Alex.

Die Sanitäterin, sagte Mäd zu mir, morgens um zwei die Sanitäterin.

Jedenfalls öffnete sie, und als sie zwei junge Soldaten sah in der Uniform des NKWD, sagte sie, Gott sei Dank, daß ihr kommt, jetzt hört wenigstens die Angst vor der Verhaftung auf. Richtig, sagte Alex, nun wird endlich Licht in die Angelegenheit kommen, also verlier nicht den Mut. Den beiden Soldaten gegenüber wies er sich aus, zeigte ihnen sein Parteibuch und alles.

Ich hatte Angst um ihn, sagte Mäd.

Sie hatte Angst, sie nehmen ihn auch gleich mit. Aber, nein, er durfte gehen. Die Soldaten nahmen Mäds Schreibmaschine mit und versiegelten die Wohnung. Mäd durfte nichts mitnehmen. Handtuch? – Nein. – Seife? – Nein. – Nachthemd, Wäsche zum Wechseln, Pullover für kalte Nächte, wollene Socken?

Nein, nichts. Ist nicht nötig. Wo Sie hinkommen, werden Sie alles haben.

Nichts durfte sie mitnehmen. Das Notdürftigste auf dem Leib, nichts in der Hand, nichts auf dem Kopf, ohne Tasche, so verließ sie ihre Wohnung und machte sich auf einen Weg, der neunzehn Jahre dauern sollte. Da sie nichts mitnehmen durfte, hatte sie erwartet...

Ich dachte, sagte Mäd, sie gehen mit mir die Treppe

runter, knallen mich an der nächstbesten Ecke ab und lassen mich im Schnee liegen.

Ein feines Gesicht, wie gemeißelt

Es dauerte lange, bis sie vor den Untersuchungsrichter kam, der ihre Daten aufnahm: geboren, wann, wo, Eltern, Geschwister, Schule, Beruf, Freunde. Nein, hatte Mäd gesagt, Freunde habe sie keine. – Wie, keine Freunde? – Nein, keine. –Das sei aber verdächtig, habe der Untersuchungsrichter gesagt. – Möglich, habe Mäd geantwortet, dann sei sie eben verdächtig, doch könne sie vor diesem hohen Herrn nicht die Unwahrheit sagen, sie sei ein mehr verschlossener Mensch, dem es schwerfalle, Vertrauen zu wecken und Vertrauen zu schenken, deshalb habe sie keine Freunde. Über eins nämlich, sagte Mäd, hatten wir uns im Freundeskreis verständigt: keine Namen, wenn einer von uns an der Reihe wäre, festgenommen zu werden.

Dem Untersuchungsrichter erklärte sie dann ihre Situation: sie sei unvorbereitet, habe keine Sachen zum Wechseln, kein Geld, nicht das Allernotwendigste, keine Zahnbürste, rein nichts. Weil doch die beiden Soldaten so getan hätten, als sei sie in wenigen Stunden schon frei, und jetzt seien schon so viele Tage vergangen. Das verstehe er sehr gut, sagte der Untersuchungsrichter, sie möchte doch eine Liste mit all den Sachen anfertigen, die sie benötige, ein Posten werde dann gehn, um mit Hilfe einer ihrer Freunde all das aus ihrem Hausrat zu suchen, das sie benötige.

Als sie in die Zelle zurückkam, habe sie zu weinen angefangen. Andauernd wollten sie Namen von ihr. Da habe sie auf ihre Sachen verzichtet. Bald habe sie sich so verdreckt gefühlt, so stinkend, klebrig und ausgefranst, daß sie sich am liebsten das Leben genommen hätte. Aber wie?

Sie hat ihr persönliches Eigentum nie wiederbekommen. In all den neunzehn Jahren hat sie siebenundachtzig Gesuche geschrieben. Nicht nur, um ihr Eigentum wiederzubekommen, sondern auch, um rehabilitiert zu werden. Eines Tages, 1953 oder 1954 muß es gewesen sein, bekam sie eine Vorladung, unterschrieben vom MWD in Minussinsk.

So hieß damals das Ministerium für Staatssicherheit unter Berija, sagte Mäd, das war das Höchste und Strengste von allen, die Leute im Dorf waren wie erstarrt, als es hieß, ich sei hinbestellt. Es war auch nicht im alten NKWD-Gefängnis von Minussinsk untergebracht, sondern im ehemaligen Haus eines Großkaufmanns, ich hatte eine Freundin, die kannte das Haus von früher, es hat sehr tiefe Keller, in denen die Waren lagerten, o mein Gott, sagte sie, als sie davon hörte, daß ich hinbestellt war, was ist das bloß für eine grauenhafte Geschichte mit Ihnen.

Als ich nun hinkam, wies man mir ein Zimmer. Dort saß ein Natschalnik. Wissen Sie, im Film zeigt man manchmal solche Sachen. Im Film kann man manchmal solche Gesichter und solche Hände sehen. Ein Mann, von dem man sagen würde, ach, wie soll ich es ausdrücken, er ist ein großer und sehr differenzierender Sadist.

Mit einem sehr hellen, weißen Gesicht, langen Wimpern, großen, sehr durchdringenden Augen, mit einem außerordentlich schwungvollen, abstoßend schwungvollen Mund, einem furchtbaren Mund, wissen Sie, ein ganz feines, wie gemeißeltes Gesicht. Die Hände, die Finger, lange, schlanke Finger mit sehr langen Nägeln, sehr gepflegten dazu, etwas, was man in solchen Häusern sonst nicht findet. Als ich den Mann sah, erschrak ich. Wahrscheinlich wußte er, wie er auf Leute wirkte. Dann schaute er mich an, die Lider halb gesenkt. Er war sehr groß und sehr dünn.

Setzen Sie sich, sagte er.

Ja, ich setzte mich.

Sie haben ein Gesuch geschrieben?

Ja, ich habe ein Gesuch geschrieben, ich hatte zig Gesuche geschrieben, ununterbrochen hatte ich Gesuche geschrieben, siebenundachtzig, wie sich später herausstellte, denn als ich entlassen war und meine Rehabilitierung betrieb, hab ich sie auf verschiedenen Ämtern alle Stück für Stück wiedergefunden, ja, sagte ich, ich habe ein Gesuch geschrieben.

Was für ein Gesuch war das?

Was sollte ich ihm sagen, was für ein Gesuch, ich habe um alles mögliche gebeten, ich habe wegen meiner Rehabilitierung geschrieben, sagte ich ihm.

Haben Sie nicht noch ein anderes Gesuch geschrieben? fragte er.

Doch, sagte ich, ich habe auch noch ein zweites geschrieben.

Worum es in dem zweiten Gesuch gegangen sei, fragte er.

Nun wußte ich wirklich nicht mehr, was ich antworten sollte. Der Mann schaute mich aus halbgesenkten Lidern an, dabei hatte er so eine Art Lächeln, grausig.

Um Gottes willen, was haben Sie gemacht?

Ich hab ihn nie mehr gesehn, sagte Mäd, vielleicht haben sie ihn damals gleich mit Berija zusammen erschossen, vielleicht ist er heute hoher Pensionär. Ich jedenfalls war so erschöpft, daß ich hätte umsinken können. Mich machen Menschen eigentlich nicht so rasch fertig. Beim Anblick dieses Mannes bin ich fast in Ohnmacht gefallen. Aber ich durfte mir nichts anmerken lassen. Jedenfalls hab ich kein Wort mehr rausgekriegt.

Und er, nachdem er mich eine Weile aus halbgesenkten Lidern beobachtet hatte, mit einem Lächeln, das zeigte, wie sehr er die Macht genoß, die er hatte: Haben Sie nicht einmal geschrieben wegen der Sachen in Ihrer Wohnung?

Sachen in meiner Wohnung?

Ja. Und haben Sie eine Antwort bekommen?

Nein.

Hier ist die Antwort, sagte er, ich lese sie Ihnen vor: Das Gesuch der soundso erhalten, die Sache wurde geprüft, und es wurde festgestellt, daß alle Einrichtungsstücke in der Wohnung und alle persönlichen Sachen der Antragstellerin entwendet wurden. So, wenn Sie bitte unterschreiben würden.

Ich unterschrieb. Ja, ich habe Kenntnis davon genommen, daß alle meine Sachen weg sind. Und um das zu unterschreiben, hatte er mich nach Minussinsk bestellt? Fünfundzwanzig Rubel hab ich ausgegeben, um hinzukommen, fündundzwanzig Rubel für den Rückweg. Zwei Arbeitstage habe ich dafür opfern müssen, die mir die Schule in meinem Verbannungsort nicht bezahlte.

Einen aufregenden, einen lebensgefährlichen Weg im LKW zwei Tage lang durch Schnee und Eis mußte ich auf mich nehmen, um zu erfahren, daß alle meine Sachen gestohlen waren. Ich war pitschnaß, als ich auf der Straße stand. Und als ich dort rauskam, passierte noch etwas.

Das Haus lag etwas abseits, es war ungefähr Mittag, elf Uhr vielleicht, und wie ich so, halb bewußtlos immer noch, dahinging, merkte ich plötzlich, daß die Straße leer war. Vorhin, als ich in das Haus hineinging, waren Leute auf der Straße, jetzt kein Mensch. Während ich mich noch darüber wunderte, überquerte ich die Straße, und da sah ich plötzlich einen Milizionär mit geschultertem Gewehr, noch einen zweiten, ob der ein Gewehr hatte, weiß ich nicht, das hab ich nicht mal mitgekriegt, und zwischen ihnen ein finsterer Mann.

Ich machte den dreien noch Platz, damit sie vorbei konnten, ich hab ihnen noch hinterher gesehen. Und nach einer Weile, wie ich so ging, kamen plötzlich die Leute aus den Häusern gestürzt.

Um Gottes willen, was haben Sie bloß gemacht?

Na, was hab ich gemacht?

Menschenskind, Sie sind über die Straße gegangen.

Warum, zum Donnerwetter, soll ich nicht über die Straße gehn?

Haben Sie nicht die beiden Milizionäre mit dem Mann zwischen ihnen gesehn?

Natürlich hab ich sie gesehn, bin doch nicht blind.

Das sei der Menschenfresser gewesen, schrieen sie mir alle zu, der wurde eben zum Verhör geführt, deshalb hatten sich alle versteckt.

Den kannten sie doch alle. Das war doch der, von dem sie immer Fleisch aus Schwarzschlachtungen gekauft hatten und der auf dem Markt eine Bude mit Bonbons hatte. Er und seine Frau haben seit Ewigkeiten Bonbons gekocht und verkauft.

Er ist seit Jahren schon von Zeit zu Zeit nach Abakan gefahren, wo er einen Verwandten hat, der Kolchosvorsitzender ist, dem hat er für viel Geld schönes Fleisch abgeluchst, das er dann in Minussinsk schwarz verkaufte. Seit vier Jahren hatte er das Geschäft betrieben, die ganzen vier Jahre war eine Mißernte nach der andern gewesen, und er hatte sich an einsame Frauen rangemacht, sie in seine Hütte nachts gelockt und dort zusammen mit seiner Ehefrau umgebracht.

War alles Schwindel, die Sache mit dem Fleisch von seinem Verwandten, dem Kolchosvorsitzenden. Die Leute hatten Hunger in diesen furchtbaren Jahren, als es nichts, aber auch wirklich rein nichts im Geschäft zu kaufen gab, und da es verboten war, Schwarzgeschäfte zu machen, haben sie ihm alles stillschweigend abgekauft.

Das war die Geschichte von meinen Sachen und dem Gesuch und wie ich herausbekam, daß mir alles geklaut worden sei und daß ich völlig mittellos dastehen würde, wenn sie mich vielleicht doch entlassen würden. Denn auf meinen Mann brauchte ich nicht zu hoffen. Den haben sie schon 1939 umgebracht. Der war doch in diesem ganz bösen Moskauer Gefängnis, wo auch Béla Kun dran glauben mußte. Sie wissen nicht, wer Béla Kun ist?

Natürlich, sagte ich, weiß ich, wer Béla Kun ist.

Ein Vieh mit leuchtendblauen Augen

Das war nicht die ganze Wahrheit. Ich wußte, wer Béla Kun ist, aber ich wußte nichts von einem ganz bösen Moskauer Gefängnis, in dem auch er hatte dran glauben müssen. Mäd gab mir ein Buch zu lesen: Moskauer Tagebuch (Roman eines Romans), das ihr Jugendfreund Ervin Sinko geschrieben hatte, ein Name, der mir unbekannt war. Ich fragte vorsichtig im Kreis meiner Freunde und Bekannten nach Sinko, keiner hatte vorher von ihm gehört, es waren Literaturwissenschaftler unter ihnen, Slawisten, Hungaristen, meine Furcht, ich sei unter lauter Wissenden der einzig Unwissende, konnte ich dadurch besänftigen. Er war ein ungarischer Revolutionär, der sich vor dem Horthy-Regime nach Moskau rettete und dort versuchte, seinen Roman über die ungarische Räterepublik herauszubringen. In seinem zweiten Buch »Moskauer Tagebuch (Roman eines Romans)« erzählt er von seinen Bemühungen, einen Verleger zu finden, und von den Zuständen damals in Moskau, die dazu führten, daß er

Hals über Kopf aus der Stadt floh, die er eben noch als sein Asyl angesehen hatte.

Als ich Mäd kennenlernte, lebte er hochgeachtet in Jugoslawien. Ich sollte für sie herauszubekommen versuchen, wie es Sinko gehe. Es war mir aber nicht möglich, irgendeine Information über ihn zu erhalten, so undurchdringlich war die Mauer des Schweigens, die in der DDR um diesen Mann gezogen worden war. Sein »Moskauer Tagebuch« gab Mäd mir zu lesen. Sie führte mich in die Zeit ein, in der es spielte. Ich habe seitdem viele Bücher gelesen, die sich mit der Stalin-Zeit befassen. Dies las ich im Sommer 1977.

Zwanzig Jahre zu spät, sagte ich zu Mäd.

Seien Sie froh, daß Sie es überhaupt kennenlernen.

Mäd führte mich in eine völlig neue Welt ein. Dinge, die ihr geläufig waren und die sie mit einem Nebensatz umschrieb, mußte ich mir erst in mühseligen Recherchen erschließen. Einmal sagte sie diesen Satz:

Ich hab sehr die chinesische Flöte geliebt, meine Mutter hat sie für mich aufgehoben.

Erst viel später kam ich dahinter, daß »Die chinesische Flöte« ein Gedichtband aus dem Jahr 1907 war, in dem Hans Bethge als einer der ersten versuchte, chinesische Verse ins Deutsche zu übertragen. Es war ein Kultbuch der aufgeklärten Jugend der damaligen Zeit, ein Fahrtenbuch der Wandervögel, zu denen auch Mäd gehörte, und als Gustav Mahler sechs Gedichte daraus wählte und sie zum »Das Lied von der Erde« vereinigte und es vertonte, wurden Poesie und Komposition für Hanns Eisler zum Bewegenden für das eigene Liedschaffen.

Ihr ganzes Leben bis heute ins hohe Alter war verknüpft mit Kultur und Kunst. Wenn sie erzählte, hatte sie hinter sich ein Raum-Zeit-Kontinuum von siebzig Jahren prallen Lebens, und meine Zwischenfragen, mit denen ich versuchte, einen Faden zu finden, dem ich folgen konnte im Labyrinth ihrer Erinnerungen, wies sie mit der Überlegenheit eines Menschen ab, den die Unwissenheit der Umwelt verdrießt. Wenn Mäd mich in unseren langen Gesprächen bei meinen Zwischenfragen herrisch abfertigte: Wissen Sie nicht, was Erschießungen sind? Wissen Sie nicht, was ein Frauenlager ist?, so blieb ich immer stumm vor Bestürzung, denn ich wußte tatsächlich nichts von Frauenlagern in Sibirien und von Massenerschießungen auf Kolyma.

Wenn ich heute an all die Bücher zurückdenke, in denen von Lagern in der Sowjetunion die Rede ist und von Erschießungen, so ist mir, als kenne ich sie seit ewigen Zeiten. In Wirklichkeit kenne ich sie erst seit 1977. Ich weiß nicht, wie ich das Buch »Der verratene Sozialismus« von Karl I. Albrecht beurteilt hätte, wäre es mir unvorbereitet in die Hand gefallen. Ich las es lange nach Mäds Berichten, lange, nachdem ich die vielen anderen Werke kennengelernt hatte, die von der Stalin-Zeit in der Sowjetunion berichteten und denen ich mehr glaubte als Albrecht.

Unvorbereitet auf Albrecht gestoßen, hätte ich wahrscheinlich sein Buch als unglaubhaft abgetan. Besonders mißfallen hätte mir sein Bericht, in dem ein zum Tode verurteilter Chemiker in Wirklichkeit nicht erschossen wurde, sondern in einer Forschungsstätte zur besonderen Verwendung Giftgase für Kriegszwecke zu entwickeln hatte und ihre Wirkung auf die bisher bekannten Gasmaskenfilter zu erproben, wobei die Behörde ihm als Versuchsobjekte Insassen des Lagers zur Verfügung stellte. Noch heute bewahre ich Abstand zu dem Werk, dessen antisemitische Einstellung mich peinigt, denn Albrecht läßt keine Gelegenheit aus, darauf hinzuweisen, welche führenden Kommunisten Juden sind, um den Eindruck zu erwecken, Kommunismus sei vor allem das Werk der Juden:

Mit der Einsetzung Ruth Fischers war das jüdische Element auch in der deutschen KP an die Macht gekommen. Der die Menschheit hassende Jude Roisemann. Der gerissene Jude Chalatow. Die Jüdin Milowidowa, die von der GPU den Auftrag hatte, ihre Schwiegermutter Clara Zetkin auszuspionieren. Der Jude Lasar Moisseiwitsch Kaganowitsch war so schlau, als Nachfolger des Juden Herschel Jagoda nicht wieder einen Juden, sondern zur Tarnung seiner Absichten einen Russen einzusetzen, nämlich Jeshow. An den Fakten aber, die das Buch vermittelt, kann ich heute nicht mehr zweifeln, vieles von dem, was er mitteilt, kenne ich aus Mäds Erzählungen.

Bei Karlo Stajners Buch »7000 Tage in Sibirien« mit seinem Kapitel über Liebesverhältnisse im Zwangsarbeitslager erinnerte ich mich an Mäds Erzählung von Zenka.

Zenka, sagte sie, das war ein ungewöhnlich schöner und charmanter Ukrainer, ein Krimineller, aber sehr intelligent, das maßloseste Vieh, das man sich denken kann, aber mit so leuchtenden, blauen Augen, daß man ihm seine Gemeinheiten eigentlich nicht zutraute.

Ich war eine Zeit zu ihm abkommandiert, er leitete die Avitaminoseabteilung zur Bekämpfung des Skorbuts im Lager.

Dort wurden in großen Kesseln Nadeln der Zirbelkiefern gekocht, deren Sud die Gefangenen trinken mußten, jeder jeden Tag ein Schnapsglas. Die Nadeln mußten von den Ästen gezupft werden, und zwar nicht gegen den Strich, was leichter gewesen wäre, doch dann bestand die Gefahr, daß Holzreste mit in die Kessel gelangten, sie mußten so gezupft werden, daß keine Faser dran blieb.

In Holztrögen wurden die Nadeln feingehackt, bevor man sie zum Kochen aufsetzte. Die schwere Arbeit verrichteten die politischen Häftlinge, die Kriminellen waren als die Leitenden eingesetzt worden. Und während in der stinkenden und klebrigen Sudkocherei die Frauen in abgerissenen und klebrigen Kleidern zupften, zerkleinerten und kochten, saß Zenka hinter einem geblümten Vorhang und empfing Fürstlichkeiten des Lagers, die Creme der Kriminellen.

Gefangene Bauern saßen mit selbstgefertigten Balalaikas ihm zu Füßen und vertrieben den feinen Leuten mit schönen Liedern die Zeit. Die schönen Stimmen der litauischen, weißrussischen, georgischen und ukrainischen Verbrecher hallten dann durchs Lager, bis Zenka vor Rührung in Tränen ausbrach und die Musikanten mit einem Wink hinauswarf. Er trug immer reinseidne Oberhemden.

An ein wunderschönes hellblaues Hemd kann ich mich erinnern, sagte Mäd, das trug er am liebsten, ich weiß noch, von wem er es hatte.

Nimm du erst mal meine Wurst...

Das Lager war fest in Händen der Kriminellen. Wenn ein neuer Transport mit Politischen kam, wurden sie von den Kriminellen ausgeraubt. Die Politischen mußten sich nackt ausziehen, und alles, was sie besaßen, teilten die Natschalstwo, die Wachmannschaft, und die Kriminellen unter sich auf, Geld nahmen sich die Aufseher, Kleidungsstücke die Kriminellen.

Damals, sagte Mäd, wurde der Militärattaché der diplomatischen Vertretung der Sowjetunion im republikanischen Madrid gleich nach seiner Ankunft in Moskau festgenommen und an die Kolyma verschickt.

Er kam mit einem großen Transport sowjetischer Diplomaten an der Kolyma an, und die gefangenen politischen Frauen wurden gezwungen, der Plünderung ihrer Genossen zuzusehen: Da, schaut sie euch an, eure Spießgesellen, riefen die Aufseher, und zeigten auf die nackten und frierenden Männer, seht sie euch an, die Fettärsche, die im Ausland euer schwererarbeitetes Geld verpraßt haben. Meist weinten die Frauen, denn sie wußten, daß diese Männer bald sterben würden.

Nachdem Mäd aus Zwangsarbeitslagern und Verbannung entlassen worden war, schrieb sie an Ilja Ehrenburg. Ja, sie habe gelesen, was er vom Schicksal des Madrider Militärattachés erzähle. Sie habe den Mann noch dann und dann gesehen und könne Auskunft geben, was weiter geschehen sei mit ihm. Ehrenburg habe sie eingeladen, und sie habe ihm alles berichtet: wie die Männer angekommen sind, wie sie behandelt wurden, wie sie gefoltert und erschossen wurden.

Zenka war die Reihen der nackten Männer entlanggeschritten, um einen auszusuchen, der etwa seine Statur hatte, und war so auf den Militärattaché aus Madrid gestoßen. Dessen Sachen hatte er an sich genommen, zu denen auch das feine hellblaue Seidenhemd gehörte, das Mäd so sehr bewunderte.

Er sah hinreißend aus, sagte Mäd, dieses blaue Hemd, das er immer offen trug, so daß seine behaarte Brust zu sehen war, diese leuchtenden Augen, sein sanftes Wesen, das er immer zur Schau trug, wenn er mich bezirzen wollte, aber ich hab ihn durchschaut, ich hab ihn bestraft, wahrscheinlich hab ich ihn zum Tode verurteilt.

Wie bestraft? fragte ich, wie zum Tode verurteilt? Das versteh ich nicht.

Warten Sie doch ab, zum Donnerwetter, sagte sie, ich erzähl's Ihnen ja gleich.

Zenka war ein schönes Miststück, Chef über hungrige, junge Frauen, die er quälte, um sie rumzukriegen. Morgens um fünf fing die Arbeit in der Avitaminoseabteilung an, kam er dann, um aufzuschließen, und die Frauen standen schon da, ließ er sie weiter stehen im schärfsten Frost: Ihr habt hier nicht vor der Tür rumzulungern, zur Strafe bleibt ihr noch eine Weile draußen. Kamen sie zu spät, und sei es einige Sekunden, mußten sie auch draußen im Frost bleiben zur Strafe.

Er liebte es, zum Laborzelt zu schlendern, und die Frauen sollten in dem Augenblick da sein, wenn er die Tür aufschloß. Zuerst mußte der Fußboden mit einem Messer abgekratzt werden, denn die Kiefernnadeln klebten auf den Dielen. Der klebrige Wrasen vom

Sudkochen am Vortag hatte sich niedergeschlagen und war erhärtet, und es dauerte manchmal zwei Stunden, bis die Frauen den Fußboden einigermaßen abgeschabt hatten.

In dieser Zeit hatte er sich von einer seiner Damen, die wegen Prostitution ins Lager gekommen waren, ein Tischchen decken lassen, auf dem sich die leckersten Sachen befanden, und während die Frauen schrubbten, aß und trank er mit seinen Damen, schäkerte mit ihnen, und von Zeit zu Zeit bot er einer der Frauen, die vor ihm schuftend auf dem Boden krochen, etwas an von dem, was auf dem Tisch stand: Bitte, wenn du willst, bediene dich. Mäd lehnte immer ab, denn er hatte ihr eingeschärft: Dich krieg ich, nimmst du erst mal meine Wurst, dann kommst du auch bald in mein Bett gekrochen.

Nein, ich schlafe nicht mit dir

Ich wäre gern in sein Bett gekrochen, sagte Mäd, aber das war unmöglich.

Wieso unmöglich? sagte ich, Sie waren beide jung.

Nein, sagte sie, unmöglich.

Wollen Sie damit sagen, daß er nie Ihr Liebhaber war?

Nie, sagte sie, ich hab es gewollt, aber es war unmöglich.

Weshalb denn nicht? fragte ich.

Sie fragen und fragen, rief sie, und was begreifen Sie? Nichts. Er war doch ein Krimineller, zum Donnerwetter, ich kann mich doch nicht im Lager mit einem Kriminellen ins Bett legen. Wir Politischen waren der Abschaum im Lager, und die Kriminellen, das war die Creme der Gesellschaft. Die Natschalstwo, die Obrigkeit im Lager, hat doch die Kriminellen hofiert, wo es nur ging.

Für jeden Tag, den ein Krimineller arbeitete, wurden ihm zehn Tage Lager erlassen. Die Natschalstwo wollte, daß die Kriminellen sich ihre Frauen unter den Politischen suchen. Denn dann hätten sie uns in die Hand bekommen. Denn dann hätten sie uns gegen unsere eigenen Genossen benützen können. Deshalb habe ich nicht mit ihm geschlafen. Ich würd's Ihnen sagen, wieso denn nicht?

Weshalb sollte ich ein Geheimnis draus machen? Was wär schon dabei? Aber ich hab nicht mit ihm geschlafen. Und weil er nicht lockerließ und weil er alles tat, um mich rumzukriegen, und weil ich dann meine Freunde hätte verraten müssen, deshalb habe ich nicht mit ihm geschlafen, und deshalb habe ich ihn später bestraft, und zwar so, daß er daran zugrunde ging.

Mir lag auf der Zunge, zu fragen, welcher Art die Strafe gewesen sei, wollte mir aber keine neue Abfuhr holen und schwieg daher.

Er war ein unglaublicher Sadist, sagte Mäd, aber das hätte mich nicht gestört, gestört hat mich nur, daß er eine Kreatur der Natschalstwo war.

Zenka kam aus einer vornehmen Familie. Sein ältester Bruder war hoher Offizier in der Roten Armee, der andere ein berühmter Schauspieler. Seine Schwester war die berühmteste Modeschöpferin in der

Ukraine. Der Onkel, ein geschickter Paßfälscher, brachte Zenka auf den falschen Weg. Sie wohnten in einem Städtchen an der polnisch-ukrainischen Grenze, und da hat sein Onkel mit ihm und der übrigen Bande Leute illegal ins Land geschleust und hinaus. Egal, wer kam, Hauptsache, es brachte Geld. Das hatte er Mäd einmal erzählt, als sie allein waren. Er hatte von seiner schweren Jugend erzählt, von seiner Frau, die sich mit andern Männern rumtrieb, während er im Lager schmachtete.

Du wirst gerade schmachten, sagte Mäd in einem Ton, als säße nicht ich, sondern Zenka leibhaftig vor ihr, ausgerechnet du.

Und er entwarf, gar nicht ungeschickt, wie Mäd meinte, ein wahrhaft erschütterndes Bild von sich und seinem Leben.

Und wozu? fragte sie mich.

Ich wußte nicht, wie ich mich verhalten sollte, sollte ich was sagen oder die Schulter zucken, aber sie hatte wohl von mir keine Antwort erwartet.

Um mich rumzukriegen, sagte sie, hat er mir sein, ach, so erschütterndes Leben erzählt.

Das hätte er lieber nicht tun sollen, denn er war zu zehn Jahren Strafarbeitslager verurteilt worden wegen bewaffneten Bandentums, in Wirklichkeit hatte er geholfen, die polnische Grenze so durchlässig zu machen, daß Spione, Agenten und Saboteure ungehindert ein und aus gehen konnten. Und das war ein politisches Verbrechen. Nur weil der wahre Umfang seiner Tätigkeit nicht aufgedeckt werden konnte, saß er hier auf dem Stuhl des Chefs und tyrannisierte die Politischen, während er eigentlich ins Lager der Politischen gehörte, des Abschaums, der Lebensunwerten, des Menschendrecks. Abend für Abend saß er mit Mäd zusammen und erzählte ihr von sich.

Nein, sagte sie, ich schlafe nicht mit dir.

Er fing an zu weinen. Er brauche nur seine Freunde zu rufen, sagte er, die würden sie festhalten, während er es ihr besorge. Aber das kriege er nicht übers Herz, denn er wolle Liebe. Aus Liebe solle sie sich ihm hingeben, freiwillig, nur Liebe zähle in seinem Leben, nichts anderes.

So ein Gemütsmensch war das, sagte Mäd, ekelhaft, aber schön, so ungeheuerlich schlecht und verdorben, aber seine Augen, ich war ganz verrückt nach ihm.

Sie wollte in die Goldschürfe zurück. Er hatte sie dort rausgeholt, weil sie so klein und zart und schwach war, jetzt wollte sie zurück, aber er erlaubte es nicht. Dich krieg ich, sagte er, noch eine Woche und noch eine Woche, vielleicht dauert's auch noch drei Wochen, aber dann hab ich dich. Sie saßen schließlich Abend für Abend beisammen, bis sie es nicht mehr aushielt.

Sie hatte ihren Kopf an seine Schulter gelegt, weinte auch ein bißchen, verfluchte sich und ihr Los, sich ausgerechnet in ein Miststück wie Zenka verliebt zu haben. Sie wollte weg, er ließ sie nicht, dann also mußte er weg. Als sie wußte, jetzt leg ich mich zu ihm ins Bett, stand sie auf, ging zur Natschalstwo und zeigte ihn an: Zenka Soundso hat Spione über die Grenze geschmuggelt. Die Natschalstwo fackelte nicht lange und nahm ihn fest.

Erinnern Sie sich an die Wunde?

Fünf Jahre sind seit diesem Gespräch mit Mäd vergangen, und noch heute, wenn ich mir meiner Sache nicht mehr sicher bin, wenn ich glaube, meinem Erinnerungsvermögen nicht trauen zu können, wenn ich glaube, die dreihundertfünfundsechzig Seiten Protokoll ihrer Berichte geben Inhalt und Stimmung der Tage nicht wirklich wieder, die ich mit ihr verbrachte, dann lege ich eine Kassette auf mit den Aufnahmen, die wir damals machten, und wenn dann ihre klare, ruhige und schöne Stimme den Raum erfüllt, bin ich wieder im Bann ihrer Persönlichkeit. Die Kassetten sind erst kürzlich wieder in meine Hand gekommen. Ich hatte sie in Sicherheit gebracht und war schon besorgt, sie seien vielleicht verdorben. Insgesamt sechzehn Stunden Aufzeichnungen sind erhalten. Ich lege die neunte Kassette ein:

Ja, dieser Wald ist nachts unheimlich, sagt sie, und ich vergleiche das Band mit der Abschrift. Es ist alles wieder vorhanden. Es ist, als sitze ich ihr gegenüber. Man ist allein, sagt sie, man hat einen Sack, verstehen Sie, ich geh mit einem Sack, ich versteh nicht, weshalb sie mit einem Sack geht, aber ich frage nicht, ich will sie nicht unterbrechen, es ist ihre Erzählung, nicht meine.

Ich bin allein, sagt sie, ich tappe diesen Pfad, diese Pfade. Dann ist auf einmal eine leere Stelle. Mondschein. Eine leere Stelle, und man kann mich genau sehen. Ich habe furchtbare Angst. Wovor habe ich furchtbare Angst? Vor den Banden, ich hatt' es Ihnen erzählt, daß die rumstreunenden Banden auch die Banja, das Bad, überfallen hatten. Das wußten wir. Wir wußten, daß Männer von irgendwo ausgeschickt wurden, um Gefangene zu überfallen, die sich von der Gruppe abgesondert hatten und allein waren.

Man hat ihnen die Köpfe abgeschnitten. Man hat die Köpfe säuberlich neben den Weg gelegt, den Tascheninhalt mit irgendwelchen Papieren dazu, damit man die Getöteten auch identifizieren konnte. Es waren geflohene Sträflinge, Kriminelle, die nirgendwo mehr leben konnten als in der Wildnis von Kolyma und vor lauter Hunger die Zwangsarbeitslager der Politischen umlauerten wie Wölfe.

Auf Kolyma gab's keine Wölfe, dafür gab es diese Banden von Verbrechern, die von der Obrigkeit geduldet wurden, denn sie verhinderten, daß wir flohen. Am Anfang, als wir noch nichts wußten von den Mörderbanden im Wald, blieb ich absichtlich hinter der Brigade zurück. Wir mußten damals Holz einschlagen, und wenn die Brigade abends ins Lager marschierte, blieb einer am Feuer, um es für die Nacht zu präparieren, damit es nicht ausging.

Wir haben damals immer große Lagerfeuer gemacht, um uns zu wärmen, sehr große, Holz durften wir dazu nicht nehmen, aber Wurzeln, riesige Wurzeln, die langsam anbrannten, aber lange weiterglommen. Nach der Arbeitszeit mußte jemand zurückbleiben, um das Feuer zu bewachen, damit es nicht ausgehe. Dann blieb immer ich zurück, freiwillig, denn ich wollte allein sein. Es war mir unerträglich, immerfort dieselben Menschen um mich zu haben. Das hielt ich nicht aus. Deswegen sonderte ich mich manchmal ab. Ich hatte Baumschwamm gesammelt, und wenn das Feuer runtergebrannt war, daß nur noch Glut übrigblieb, hab ich Baumschwamm reingelegt, der glomm dann weiter, tagelang, wochenlang manchmal, und wenn wir wieder an dieselbe Stelle kamen, hatten wir im Nu wieder ein Feuer. Ich saß dann allein am niedergebrannten Feuer und sang.

Das war für mich eine große Sache. Damals, in der ersten Zeit an der Kolyma, habe ich nachts allein im Wald am runtergebrannten Feuer gesessen und aus voller Kehle gesungen. Das ganze »Lied von der Erde«. Das kannte ich auswendig, wie auch all die Eisler-Lieder, die Ernst Busch gesungen hatte. Damals in Moskau, als ich Lehrerin war an der Militärakademie, habe ich den Kommandeuren, die dort studierten, alle Lieder von Eisler, die ich auswendig kannte, auf Band gesungen für sie zu Studienzwecken, die Bänder haben wir dann im Unterricht benutzt.

Wenn mir mal eine Melodie nicht mehr richtig einfiel, habe ich den Kommandeuren den Text rezitiert und übersetzt natürlich, an dem lernten sie die deutsche Sprache. Und einmal mitten in der Nacht am niedergebrannten Feuer im Wald auf Kolyma, wie ich wieder da so saß und sang, trat aus den Bäumen ein Mann auf mich zu. Damals wußten wir noch nichts von den Morden, und ich hatte nicht mal Angst, als der Mann kam.

Er kam und setzte sich neben mich, er möchte rauchen, sagte er. Ja, bitte, rauchen Sie. Ich hatte noch ein bißchen heißes Wasser, ob er einen Schluck möchte?

Nein, braucht er nicht.

Wir hatten immer auf dem Feuer eine Blechbüchse, in der wir Schnee auftauten, um uns innerlich aufzuwärmen.

Sie arbeiten hier am Waldschlag? sagte er.

Ja, Waldschlag.

Schaut mich lange an und sagt: Ich kenne Sie. Sie sitzen oft hier am Feuer.

Ja, sag ich, jemand muß das Feuer hüten.

Ob ich schon lange hier bin, fragt er mich.

So und so lange.

Erkennen Sie mich nicht? fragt er.

Ich seh ihn mir an, nein, ich kenne Sie nicht.

Denken Sie mal gut nach, sagt er.

Ich schau ihn an.

Erkennen Sie mich nicht?

Nein, ich erkenne ihn nicht, er hatte so struppiges Haar.

Da macht er sich die Jacke auf und zieht das Hemd hoch. Hier, fassen Sie mal an, erinnern Sie sich an die Wunde?

Ja, ich erinnerte mich.

Wir beobachten Sie schon lange

Es war noch in der Zenka-Zeit, als sie in die Avitaminoseabteilung abkommandiert war, den ganzen Tag ein Kommen und Gehn. Es schien sich etwas anzubahnen, und sie hatte nur die eine Sorge, sich nicht hineinziehen zu lassen in etwas, das den Kopf kosten könnte. Zenka hatte Mäd befohlen, nach der Arbeit im Labor zu bleiben und den Fußboden zu schrubben. Da kam plötzlich ein eleganter Kerl an.

Eigenartig, sagte Mäd, wie sich die Kriminellen bewegten, wie sie gingen, schon wie sie die Stiefel trugen auf ganz besondere Art, verriet ihren Stand.

Dieser schien ein Anführer zu sein. Er kam herein, musterte Mäd, als wolle er sich ihre Gesichtszüge einprägen, verschwand hinter dem geblümten Vorhang, der Zenkas Privatraum vom Labor abtrennte, wo sie flüsternd verhandelten, während Mäd den Boden schrubbte und überlegte, wie sie wohl wegkäme. Kaum hatte der Fremde das Zelt verlassen, als das Licht ausging.

Im ganzen Lager war es mit einemmal dunkel. Schüsse fielen, und im Nu war eine regelrechte Schlacht im Gange. Die kriminellen Banden der Umgebung versuchten, die Vorratslager zu stürmen. Und mit einemmal kam der elegante Kriminelle wieder, blutend und gestützt auf einen andern. Kerzen an, rief Zenka. Im ganzen Lager gab's keine Kerzen, aber Zenka hatte welche. Mäd zündete die Kerzen an.

Ob sie was von Erster Hilfe verstehe, fragte er.

Ja, sie versteht.

Dann hab ich den verwundeten Banditen verbunden, sagte Mäd.

Es war eine fürchterliche Wunde, aber es gelang ihr, sie so zu verbinden, daß sie nicht weiterblutete. Und dieser Mann saß ihr nun nach Jahren nachts mitten im Wald am Lagerfeuer gegenüber.

Wissen Sie was? sagte der Mann, bleiben Sie hier

nicht sitzen. Wir beobachten Sie schon lange. Bleiben Sie bei Ihren Kameradinnen. Sie haben mir damals das Leben gerettet, immerhin hätten Sie mich auch verpfeifen können, aber nein, Sie haben meine Wunde verbunden und die Blutung gestillt. Jetzt sage ich Ihnen nur noch eins: Bleiben Sie niemals mehr allein am Feuer zurück, nie mehr, ich meine es sehr ernst.

Da wurde ihr zum erstenmal klar, in welcher Gefahr sie sich befand. Der Bandit, den sie verbunden hatte, begleitete sie noch ein Stück in die Nähe des Lagers. Was das für Lieder gewesen seien, die sie gesungen habe, fragte er, und sie erklärte sie ihm, übersetzte auch einige Strophen:

Als im weißen Mutterschoße aufwuchs Baal, war der Himmel schon so groß und still und fahl, jung und nackt und ungeheuer wundersam, wie ihn Baal dann liebte, als Baal kam. – Kennst du das Land, wo die Kanonen blühn? Du kennst es nicht? Du wirst es kennenlernen! Dort stehn die Prokuristen stolz und kühn in den Büros, als wären es Kasernen. – Mitten in dem kleinen Teiche steht ein Pavillon aus grünem und aus weißem Porzellan. Wie der Rücken eines Tigers wölbt die Brücke sich aus Jade zu dem Pavillon hinüber.

Der Bandenchef schüttelte immer nur den Kopf, als traue er seinen Ohren nicht, als sage er andauernd in Gedanken vor sich hin: das ist doch nicht möglich, das kann doch nicht wahr sein.

Davon versteh ich nichts, sagte er schließlich, aber Sie haben eine sehr schöne Stimme.

Damit hatte er recht, sagte Mäd, damals sang ich wirklich sehr schön.

Weiter kann ich Sie nicht begleiten, sagte der Bandit, ich habe Sie nicht gesehen, Sie haben mich nicht gesehen, leben Sie wohl.

Seitdem hat sie sich nicht mehr von ihren Kameradinnen abgesondert. Oder vielmehr doch noch einmal. Das war, kurz bevor sie ins Invalidenlager kam, als sie schon so schwach war, daß sie morgens sich kaum noch auf den Beinen halten konnte. Da hatte sie sich an einem sonnigen Vormittag beiseite geschleppt und war mitten auf dem harten Schnee liegengeblieben, ein kleines schwarzes Häufchen auf schier grenzenloser, in der Sonne glitzernder Schneefläche.

Es war kurz vor der Schneeschmelze, und die Frauen hatten die Aufgabe, Tunnel durch die zwei bis drei Meter dicke Schneedecke der Tundra zu schlagen. Wenn der Schnee schmolz, so sollte das Wasser zunächst durch die Schneekanäle abfließen, eine Theorie, deren Gültigkeit Mäd bestritt, aber was sollte man machen, vielleicht war es auch nur Arbeitsbeschaffung.

An der Arbeit war alles schwierig. Zuerst mußte die vereiste Schneeoberfläche durchstoßen werden, der Schnee, der darunter lag, aber war pulverförmig und rann weg wie feiner trockener Sand. Mäd hatte sich abseits gelegt und war eingeschlafen. Da die Frauen in einzelnen Gruppen weit verstreut arbeiteten, bemerkte man erst im Lager, daß sie fehlte.

Mäd hatte sich in der Mittagssonne im Schnee niedergelegt und wachte auf, als es dunkel war und es kalt wurde. Sie befand sich auf der nassen Erde, rechts und links von Schneemauern umgeben, in einem Loch so groß wie ihr Körper. Während des Tages war sie sanft durch den Schnee nach unten gesunken. Der Schnee verschluckte ihre Rufe. Sie war naß und fror.

Der Pulverschnee rann von den Wänden, und sie mußte andauernd treten, damit nicht ihre Beine und ihr Körper im herabrinnenden Schnee versanken. Sie weinte auch ein bißchen. Nicht viel. Wehleidig war sie nie gewesen. Auch jetzt nur ein paar Tränen, die ihr kamen. Sie verschmierte sie mit dem Handrücken auf dem Gesicht: Zum Donnerwetter, was soll's? Lieber um Hilfe rufen. Irgendwann müssen die doch merken, daß ihnen eine gefährliche konterrevolutionäre Trotzkistin abhanden gekommen ist. Warum schickten die nicht heute ihre auf den Menschen dressierten Bluthunde los?

Er hat wohl mehr geblökt als gesungen

Da stand sie nun in einem eisigen Loch, mitten in der Nacht, genau auf dem Polarkreis, so genau auf ihm, daß sie schon glaubte, ihn mit Füßen zu spüren, als wäre er ein eiserner Ring, um den Erdball gelegt. Da stand sie, eine fünfundvierzig Jahre alte Frau mit weißem Haar, mit eingefallenen ebenmäßigen Zügen, eine kleine, schmale Gestalt, die ein wenig mehr Gewicht erhielt durch die unförmige Wattejacke, die ihr um die Schultern hing.

Sie stand und dachte an ihre Kindheit in Görlitz fünfzehntausend Kilometer von dem schmalen und tiefen Loch entfernt, in dem sie auf der Stelle trat, um zu verhindern, daß der unaufhaltsam rinnende Schnee ihre Beine zu umschließen beginnt, um zu verhindern, daß die Füße an der Erde festfrieren. Trat auch auf der Stelle, um sich warm zu machen, denn der Frost kroch ihr unaufhaltsam in die Glieder, und sie fürchtete zu erfrieren.

Sie hatte Erzählungen geschrieben über ihre Zeit in Görlitz, über das Torffeld, über den Familienrevolver, über alles, was sie gesehn und erlebt hatte, auch einen Roman, alles in ihrem Leben hatte sie schon beschrieben, und alles war verlorengegangen, bei Redaktionen, die Manuskripte prinzipiell nicht zurückschickten, in Polizeiakten verlorengegangen, bei Freunden verlorengegangen, die Manuskripte prinzipiell nicht zurückgaben. Außerdem war sie im Auftrag ihrer Partei pausenlos unterwegs. Wer dachte da an Manuskripte, wenn es um ein besseres Leben für alle ging.

Von Demja hatte sie geschrieben. Das war ein Wiener, ein Intellektueller, ein typisch jüdisch Wiener Intellektueller, der schon in Berlin eine große Schnauze hatte und der von allen »Der große Napoleon« genannt wurde, weil er fünf Sachen zu gleicher Zeit machen konnte, reden, schreiben, zuhören, lieben und Pfeife rauchen. Er schrieb ununterbrochen Flugblätter gegen die Bourgeoisie, der er angehörte, seine Texte waren sehr beliebt, denn er griff aus eigener intimster Kenntnis die Bourgeoisie dort an, wo sie am verwundbarsten war.

Mit Mäd ging er immer in die Sprechsäle. Heute weiß keiner mehr, was das war. Sprechsäle, das waren die Treffpunkte der aufgeklärten Jugend, Schulzimmer meist, in denen sich abends die Leute versammelten und wo sie über Politik diskutierten, über Kultur, über Gott und die Welt. Unter den jungen Leuten damals hieß es, wenn sie sich trafen: Dich kenne ich doch aus dem Sprechsaal in der Marienstraße. Oder: Die haben in der Sophienstraße einen neuen Sprechsaal aufgemacht. Oder: Warst du gestern im Sprechsaal in der Katharinenstraße?

Mit einem, der in Sprechsälen verkehrte, war man gleich auf du und du. In Sprechsälen, da blühte Demjan erst richtig auf. Da war er der tonangebende Mann. Da rang er, geistig, mit Anarchisten und Tolstoianern, mit Freimaurern und Syndikalisten, mit Sozialrevolutionären und Kropotkianern. Er reiste mit Mäd hierhin und dorthin in Deutschland, und sein großer Kummer war, daß sie sich nicht von ihm küssen ließ. Immer wollte er sie rumkriegen, aber Rumküssen und so, das kam für sie nicht in die Tüte, das verachtete sie sehr. Ihren Mann Karczi schließlich hat sie auch nicht zum Knutschen geheiratet, das wäre ja noch schöner gewesen.

Demja führte sie in Baracke 23 ein, wo sie Hanns Eisler kennenlernte, Béla Illés, Georg Lukacs, Ernö Gerö und Karczi, ihren späteren Mann. Danach allerdings verlor sie Demja bald aus dem Gesichtskreis, denn nun folgten die berauschenden Lehrjahre in Baracke 23 am Rande von Wien, den ehemaligen Seuchenbaracken. Die meisten waren nicht mehr bewohnbar, aber Obdachlose verschiedener politischer Gruppen hatten einige Baracken in Schuß gebracht und wohnten nun dort. Die Kommunisten hatten eine, die Sozialdemokraten eine und eine die Nationalen.

Lukacz hielt marxistische Vorträge, Illés machte sich Notizen für einen Roman, den er über Baracke 23 schreiben wollte, Gerö versuchte, bei Mäd zu landen. Was wollten die bloß andauernd von ihr? Zuerst diskutierten die ganz vernünftig, aber kaum war sie mit einem von ihnen allein und dachte schon, jetzt können wir aber endlich mal das Thema der effektivsten Expropriation der Expropriateure vertiefen, da fing der schon an mit Arm-um-die-Hüfte-legen und seinem blöden Mond, der da ewig in solchen Momenten rumhing. Das Gedicht »Der Mond« von Bethge, ja, das liebte sie, aber doch nicht dieses alberne Rumgetatsche im Mondschein, bei dem Gerö immer vorneweg war.

Eisler dagegen sang »Das Lied von der Erde«. Denkt sie heute daran zurück, so ist ihr, als hätte er die ganze Zeit ununterbrochen »Das Lied von der Erde« gesungen: »Die Sonne scheidet hinter dem Gebirge / in alle Täler steigt der Abend nieder mit seinen Schatten / die voll Kühlung sind.«

Er hatte eine schreckliche Stimme, fand sie, hat wohl mehr geblökt als gesungen, aber Mäd fand es schön: »Der Bach singt voller Wohllaut durch das Dunkel / die Blumen blassen im Dämmerschein / die Erde atmet voll von Ruh und Schlaf.«

Wenn er nicht tags sang, dann sang er nachts. Oder er malträtierte das Klavier. Sein Klavier stand direkt an der Wand, hinter der Mäd schlief, und wenn er nachts die Tasten schlug, fuhr sie hoch, aber sie beschwerte sich nicht über den Lärm, sondern ging in sein Zimmer hinüber und legte sich auf sein Sofa, um ihm zuzuhören. Eisler merkte es meist nicht, daß ihm jemand zuhörte. Wenn er sang, war er nur bei sich und der Musik: »Wohin ich geh? Ich geh / ich wandre in die Berge / Ich suche Ruhe für mein einsam Herz / Ich wandle nach der Heimat, meine Stätte!«

Sie war neunzehn damals und glücklich, lauter Freunde hatte sie um sich, und so sollte es auch bleiben. Karczi war noch nicht da. Der kam später. Aber das halbe ZK der ungarischen kommunistischen Partei war schon in Baracke 23 untergebracht.

Den Roman, den Illés später über die Zeit in Baracke 23 schrieb, den fand sie langweilig, sie hätte ihn viel besser geschrieben, wenn sie Zeit gehabt hätte, aber sie mußte weiter, obwohl sie immerhin drei Jahre in Baracke 23 blieb und drei Jahre zuhören mußte, wie Eisler »Das Lied von der Erde« sang, bis auch sie es auswendig konnte: »Ich werde niemals in die Ferne schweifen / Still ist mein Herz und harret seiner Stunde / Die liebe Erde allüberall blüht auf im Lenz / und grünt aufs neu! Allüberall und ewig blauen licht die Fernen.«

In Baracke 23 wohnte auch Helmi mit seiner Frau, na, das war vielleicht eine Geschichte. An ihren Vornamen konnte sie sich nicht mehr erinnern, ist auch egal, aber die stellte wie eine Wahnsinnige immer dem armen Karczi nach, der sich bald nicht vor ihr retten konnte. Wahnsinnig, wahnsinnig verliebt war die in ihn, aber Karczi konnte die Liebe nicht erwidern, selbst wenn er gewollt hätte, selbst wenn er seine Frau Mäd hätte betrügen wollen. Er war doch nur vorübergehend in Baracke 23, denn seine Partei hatte komplizierte geheime Aufträge für ihn. Dafür mußte er sich bereit halten. Außerdem schminkte und puderte sie sich.

Als Mäd, wie sie mir erzählte, daran dachte in ihrem Eisloch 1945 an der Kolyma, hatte sie sich geschüttelt vor Abscheu. Wie konnte eine Frau es nur fertigbringen, sich so zu pudern und zu schminken? So was Unnatürliches. Manchmal wurde mir schwindlig, wenn ich es mir vorstellte, was sie mir erzählte. Die kleine, zarte Frau in der unförmigen Wattejacke in ihrem Schneeloch, zitternd vor Kälte und am Rande des Todes, räsonierte über die Menschen, denen sie begegnet war?

Auch das Bild, wie sie dann gerettet wurde, habe ich seitdem vor Augen, so eindringlich hat sie es mir geschildert: Ihre Rufe waren nicht zu hören, sie war wohl auch schon halb erfroren, denn Kälte spürte sie nicht mehr, als über ihrem Kopf die Schnauzen von Hunden auftauchten.

Sie hat nicht unterschrieben!

Ich lese sie Ihnen mal vor, sagte Mäd, das ist nämlich meine Rehabilitierung, ich lese sie Ihnen vor, weil ich glaube, es sollte wie alles auf Ihr Tonband. Also, hier steht im Briefkopf: Ministerium für Justiz der RSFSR, Moskauer Städtisches Gericht. Kalantschewskaja 43. Datum: 28. Oktober 1958. Bescheinigung. So, und nun der Text:

Die Beschuldigung gegen die Bürgerin Soundso, die

bis zu ihrer Verhaftung im Institut namens Plechanow in Moskau als Lehrerin arbeitete, wurde vom Präsidium des Moskauer Städtischen Gerichts am 12. März 1956 überprüft. Der Beschluß der besonderen Beratung beim Volkskommissariat für Inneres der UdSSR vom 17. April 1937 wurde aufgehoben und die Sache der Bürgerin Soundso, geboren 1899, wegen Fehlen eines Verbrechens eingestellt. Stempel: Moskauer Städtisches Gericht. Unterschrift: Elgromow. Stempel: Ministerium der Justiz der RSFSR.

Wenn Sie sich jetzt eine Tabelle machen, wird Ihnen der Zusammenhang deutlicher.

Verhaftet am 20. Januar 1937.

Verurteilt zu zehn Jahren Zwangsarbeit am 17. April 1937.

Zu weiteren zehn Jahren Zwangsarbeit verurteilt am 17. April 1947.

Begnadigt zu ewiger Verbannung am 12. April 1950.

Das Urteil wurde überprüft am 12. März 1956.

Neunzehn Jahre nach der Verhaftung aus der Verbannung abberufen am 13. September 1956.

Rehabilitierungsbescheid ausgehändigt am 28. Oktober 1958.

Verurteilt wurde sie nicht von einem Richter oder von einem Tribunal, sondern von drei Männern in einem Büro, das die amtliche Bezeichnung trug »Besondere Kommission«. Sie wurde vorgeführt, der Mann in der Mitte las ihr das Ergebnis der »Besonderen Beratung« vor: zehn Jahre Zwangsarbeit wegen konterrevolutionärer trotzkistischer Tätigkeit.

Daß es ihretwegen eine »Besondere Beratung« gegeben hatte, erfuhr sie in diesem Augenblick zum erstenmal. Kein Wort zur Begründung des Urteils, kein Wort zum Beweis der Tat, sie durfte zu ihrer Verteidigung nichts vorbringen. Sie wurde nur aufgefordert, das Urteil zu unterschreiben, wodurch sie ihre Schuld eingestanden hätte. Als sie nicht unterschrieb, wurde sie von den beiden Beisitzern so lange geprügelt, bis sie bewußtlos umfiel.

Dann gibt es etwas, das nicht mehr rekonstruierbar ist. Fest steht, sie hat ihr Urteil nicht unterschrieben. Das hat sie nach ihrer Entlassung aus der Verbannung im September 1956 selbst gesehen. Der Beamte schlug ihre Akte auf, darin lag das Urteil, und der Beamte sagte erschrocken: Sie haben ja gar nicht unterschrieben, und zeigte ihr das Blatt.

Alle, die nicht unterschreiben wollten, wurden zuerst verprügelt, dann gefoltert und, wenn sie sich nicht besannen, erschossen. Hätte sie gewußt oder geahnt, was ihr passiert, wenn sie nicht unterschreibt, so hätte sie sich nicht geweigert. Sie weigerte sich, weil sie vor ihrem Gewissen und vor ihrer Partei nicht als Schuldige dastehen wollte.

Später im Zwangsarbeitslager fragte sie alle ihre Leidensgenossen: Haben Sie unterschrieben? Nicht ein einziger sagte nein. Da kam eine neue Angst in ihr hoch: Wenn nun die Akte überprüft wird, und es stellt sich heraus, sie hat ihr Urteil nicht unterschrieben, wird dann nicht unverzüglich ihre Erschießung angewiesen? Da wünschte sie, sich nicht bockbeinig angestellt zu haben.

Wenn nachts die Schritte des Kommandos näher und näher kamen, dachte sie immer: jetzt holen sie mich zum Erschießen, weil ich nicht unterschrieben habe. Wenn sie in ihrem Gedächtnis nach einer Schuld suchte, fiel ihr vor allen anderen Ungebührlichkeiten und aller anderen Rechthaberei immer als erstes ein: sie hatte das Urteil nicht unterschrieben. Da alle anderen, die sie im Zwangsarbeitslager kennenlernte, nicht so störrisch gewesen waren wie sie, stellte sie die ganze Zeit etwas Besonderes dar.

Wenn ein neuer Transport kam und die Neuen sich mit der Lage vertraut machten, hieß es bald: Das ist Marija, sie hat nicht unterschrieben. Dann sagte die Neue: O Gott. All die andern hatten sich auch eine Theorie zurechtgemacht, um sich selbst und der Partei gegenüber später zu erklären, daß sie nicht aus Angst unterschrieben hatten. Besonders die Militärs, die sowieso alle abgeknallt wurden, legten Wert auf die Feststellung, ihre Unterschrift sei zustande gekommen aus historischer Verantwortung. Denn, so sagten sie, irgendeinmal werden die Archive der Sowjets gestürmt. Wenn dann in allen Akten gleichlautend steht: Der Verurteilte gesteht mit seiner Unterschrift seine Schuld ein, dann wird man daraus die Wahrheit herauslesen können, nämlich, daß die Unterschriften in der Folter erpreßt wurden. Wenn fünf Millionen Menschen oder sieben oder neun, wer weiß, wieviel umgekommen sind in den Zwangsarbeitslagern der Sowjetunion, eingestanden haben, Verbrecher zu sein, so wird jeder Historiker, der die Zeit später einmal überprüft, zur Schlußfolgerung kommen, daß nicht die

Verurteilten Verbrecher waren, sondern die Repräsentanten des Regimes.

So kam es, daß vor allem die Militärs, ohne zu zögern, ihr Urteil unterschrieben. Auch wollten sie damit verhindern, unter der Folter ihre Würde zu verlieren. Deshalb unterschrieben sie und warteten auf ihre Erschießung. Das schien ihnen soldatengerecht zu sein. Sie konnten nicht ahnen, daß man sie trotzdem foltern würde.

Wir haben das alles erfahren, sagte Mäd.

Es sprach sich im Verlauf der Jahrzehnte herum, daß die Militärs auf eine nicht mehr begreifbare Weise gefoltert wurden, bevor man sie umlegte und verscharrte. Leider auch der arme Karczi, Mäds Mann, der aus Zufall oder unerklärlichem Grund ins Militärgefängnis kam.

Lebt Roddi noch?

Am 17. April 1947, sagte Mäd, hätte ich eigentlich entlassen werden müssen.

Nun ist schon egal, ob schuldig oder unschuldig verurteilt, hat der unglückliche Mensch in der Zwangsarbeit seine zehn Jahre überstanden, so kann er hoffen, entlassen zu werden. Als ich Mäd danach fragte, überlegte sie, und sie konnte mir dann einige Ausnahmen, namentlich sogar, nennen, von denen sie wußte: sie sind nach Ablauf ihrer zehn Jahre freigelassen worden. Alle andern blieben weiterhin der Freiheit beraubt, einige ihr Leben lang.

Einen lernte sie kennen aus den Schädlingsprozessen um 1925. Als er ins Zwangsarbeitslager kam, war er kaum zwanzig. Sie hatten ihn verurteilt, weil er, ohne selbst schuldig geworden zu sein, Mitarbeiter eines Menschen war, den man als Wirtschaftsschädling entlarvt hatte.

Als sie ihn kennenlernte, war er schon seit zwanzig Jahren im Lager. Er war ein sehr alter und gebrechlicher Mann, total zerfressen von Skorbut, mit tiefen Löchern bis auf die Knochen. Es war schon in der besseren Zeit, Bersin und Garanin regierten nicht mehr auf Kolyma, Mäd war im Invalidenlager in der Nähe von Magadan. Dort arbeitete sie im Gewächshaus mit dem Mann zusammen, der sich kaum auf den Beinen halten konnte.

Eines Tages hieß es, er solle ins Büro kommen, und Mäd war schon besorgt. Was denn gewesen sei, hatte sie nach seiner Rückkehr gefragt.

Nichts, sagte er.

Wie, was, nichts?

Nichts von Bedeutung, sagte er, er habe eben nur seine nächsten zehn Jahre unterschrieben.

Wissen Sie, sagte Mäd, ich hab ihn getröstet, ich hab ihm gesagt, meine Zeit sei auch bald um, und sie erwarte, wie die Dinge stehn, ebenfalls weitere zehn Jahre Zwangsarbeit, und wissen Sie, was er da antwortete? Er sagte: Was ist das bloß für eine Regierung, die für ihre Untertanen fünf Jahre, zehn Jahre Zwangsarbeit ausgibt wie Tramwaybillets? Bedenken Sie, er hatte sich als junger idealistischer Jüngling in seinen Beruf gestürzt, und man hat ihm alles genommen. Weshalb, frag ich Sie, warum haben die das gemacht?

Auch Mäd bekam ihre weiteren zehn Jahre ohne große bürokratische Mätzchen. Hier müssen Sie unterschreiben, hieß es nur. – Wo? – Na, hier, wo ich mit dem Finger hinzeige. – Die Schlichtheit des Vorgangs irritierte sie. – Das heißt, ich habe jetzt meine weiteren zehn Jahre, fragte sie ungläubig. – Ja, natürlich, sagte der Natschalnik und hob erstaunt den Kopf, was dachten Sie denn? – In Wirklichkeit aber waren es nicht zehn, denn nach drei Jahren wurde ihr mitgeteilt, sie sei zu ewiger Verbannung in die Gegend von Abakan begnadigt worden.

Sie war außer sich vor Freude darüber. Endlich weg aus dem Zwangsarbeitslager. In der Verbannung mußte sie sich jede Woche einmal beim Milizionär melden. Der Ort ihrer Verbannung maß zwanzig Kilometer im Umkreis, und den durfte sie nicht verlassen, aber sonst war sie frei. Sie konnte einen Beruf ausüben, sie konnte Geld verdienen und sich Sachen anschaffen, sie konnte Zeitungen und Bücher lesen nach Herzenslust, sie konnte Briefe schreiben und Briefe empfangen. Da machte das Leben wieder Spaß.

Einer ihrer ersten Briefe hatte folgenden Wortlaut: »Liebe Genossin Seghers, ich bin hier in einem sibirischen Dorf, unterrichte Deutsch, ich habe seit langem keinerlei deutsche Literatur in der Hand gehabt und wäre Ihnen dankbar, sehr geehrte Genossin, wenn Sie mir irgendwelche alten Journale oder irgendwas in deutscher Sprache schicken würden. Und als Nachtrag: Lebt Roddi noch?«

Mit Roddi war Professor Schmidt gemeint, Anna Seghers Ehemann, den Mäd noch als Studenten im Gedächtnis hatte. Da sie die Adresse von Frau Seghers nicht kannte, adressierte sie den Brief an das Friedenskomitee der DDR. Aber wo? In welcher Straße, an welchem Platz mag das Friedenskomitee untergebracht sein? Karl-Marx-Straße? Friedrich-Engels-Platz? Sie war überzeugt davon, das neue Berlin würde Straßen und Plätze mit diesen Namen haben, aber eine innere Stimme sagte ihr, nee, Karl Marx nicht. Ernst Thälmann. Und so schrieb sie an das Friedenskomitee der DDR, Ernst-Thälmann-Platz, und tatsächlich kam der Brief an.

Frau Seghers ließ ihr über den Verlag einige Bücher schicken und schrieb ihr einen sehr freundlichen Brief: »Teil mir doch mit, wie Du über die Bücher denkst, besonders das letzte, das unsere Jugend angeht.« Und dann schrieb sie noch: Roddi, wie Mäd ihn nenne, sei nicht hier. Er sei immer noch dort. Er habe große Schwierigkeiten, fortzukommen, aber sie gebe die Hoffnung nicht auf.

Das Problem für Mäd war nur, daß ihr nach einer Weile der Aufbau-Verlag eine Rechnung über mehrere hundert Mark für die übersandten Bücher schickte, ein Mißverständnis der Verlagsbürokratie. Doch ging daraus hervor, daß zumindest der Schreiber der Rechnung keine Ahnung zu haben schien, was eine Deutsche bewogen haben mochte, in einem Dorf in der Nähe von Abakan Deutsch zu unterrichten.

Übrigens, sagte Mäd, habe ich auch gleich mit meiner Familie Kontakt aufgenommen.

Wen gab es denn noch? Hänschen, 1914 gefallen. Die Eltern? Schulterzucken. Der große Bruder. War er nicht Holzhändler? Sie erinnerte sich auch der Adresse. An die schrieb sie und bekam Antwort.

Er schicke ihr ein Familienfoto und wollte gern hören, wie es ihr gehe. In Deutschland herrsche große Not, nichts zu essen gebe es und nichts anzuziehen. Sie sei doch sicher in dem großen und reichen Sibirien mit einem reichen Gutsbesitzer verheiratet. Man wisse noch genau, wie sehr sie die Natur geliebt habe.

Man habe auch keineswegs ihre politische Einstellung vergessen. Nun beweise es sich nämlich, wie recht sie gehabt habe, sich für den Kommunismus einzusetzen, und wie unrecht er, der Bruder, gehabt habe, sie deswegen zu verspotten. Nun stehe sie, obwohl Deutsche, auf der Seite des Siegers. Sicher sei sie auch sowjetische Staatsbürgerin und habe den ganzen Krieg im großen und reichen Sibirien zugebracht, weit weg vom Schuß. Von Dresden müsse er ihr erzählen: die ganze Stadt ein einziger Trümmerhaufen. Die Deutschen seien total verarmt. Wohl dem, der in dieser schweren Zeit Angehörige im befreundeten Siegerland habe.

Pfui Teufel über Amerika

Wird man Mäds Leben je begreifen können? Es sagt sich so leicht: Abberufen aus der Verbannung. Auch dieser Vorgang, wie könnte es bei ihr anders sein, voller Tücken. Sie lebte schon drei Jahre im Ort ihrer Verbannung und hatte schon etwas geschafft: ein Hirsefeld hatte sie angelegt, das Brot- und Futtergetreide stand gut auf dem Halm, Kartoffeln waren im Boden und versprachen eine gute Ernte. Kohlrüben und Bohnen waren zwar nicht gediehen, doch für das nächste Jahr hatte sie eine neue Idee: Mais, um aus dem kargen Boden wenigstens das Notwendigste zum Essen rauszuholen.

Die Leute im Dorf hielten zusammen. Was blieb ihnen übrig. Im Laden gab's nichts zu kaufen. Der Kolchos zahlte keinen Lohn, da mußte man sich gegenseitig helfen, da mußte man sich mühen, um zu was zu kommen. Ihre kleine Wohnung hatte sie schön mit stabilen Möbeln eingerichtet. Sie hatte Freunde, und mit der Obrigkeit stand sie sich nicht schlecht.

Man hatte sie zwar zunächst als Lehrerin arbeiten lassen, doch dann kam der Befehl aus Moskau: Sowjetbürger deutscher Nationalität haben keinen Anspruch auf Arbeit. Aber bei ihren heimlichen Schwarzarbeiten machte ihr niemand Schwierigkeiten. Sie wurde gebraucht, denn sie malte Elfenreigen und nähte Puppen. Ihr kleines Häuschen war immer besucht von Kunden. Allerdings war es schwierig, Materialien zu beschaffen.

Am einfachsten war es, Lumpen zu sammeln für Puppen. Stoffreste gab es zwar auch nicht in Massen, denn die wirtschaftliche Lage im Land war so, daß jedermann selbst jedes Fetzchen nutzen mußte. Doch blieb hier und da im Haushalt mal was übrig, und da sie alle im Dorf kannte, hieß es dann: Das ist für Marja Awgustownas Puppen. Viel schlimmer war es mit den Materialien für die Bilder, die sie malte. An Leinwand war leider nicht zu denken, Sperrholz oder dicke Pappe gab's auch nicht. Also Papier, das aber nur in kleinen Formaten. Also kleine Bilder, die natürlich entsprechend wenig einbrachten.

Sie war mitten in einem ausgefüllten Leben, das ihr Spaß machte. Da hieß es eines Tages, der Mann vom Roten Kreuz habe nach ihr gefragt. Am besten wäre es, ihn gleich aufzusuchen. Rotes Kreuz, das könne nur eine gute Nachricht sein. Also los, wieder nach Minussinsk, einen Tag hin, einen zurück, und dann die Hitze. Nun ist Minussinsk ein Areal, da könnte man ein Rio de Janeiro drauf bauen, und natürlich wohnte der Beauftragte des Roten Kreuzes am äußersten Ende. Aber kaum hatte sie sich vorgestellt, da schrie er schon auf und schloß sie in die Arme: Menschenskind, freuen Sie sich, Sie sind frei.

Moskau? fragte sie. Nein, schrie der Mann vom Roten Kreuz, Deutschland, Sie können nach Hause. Ist eben aus Moskau durchgekommen: Sie solle sich bereithalten, der Marschbefehl könne jeden Moment eintreffen. Da waren Freude und Sorge natürlich groß, Freude, daß das Elend nun ein Ende habe, Sorge, wie sie ihr Hab und Gut günstig verkaufen könne.

Die ganze Gegend sprach schon drüber: Marija Awgustowna ist frei, sie kann gehn, wohin sie will. Alle Welt aber wußte auch, der Marschbefehl könne jeden Moment aus Moskau eintreffen. Das verdarb die Preise. Ihr Hirsefeld war das beste der ganzen Gegend. Mit der Gießkanne hatte sie es Abend für Abend gegossen. Fünfhundert Meter war die Pumpe entfernt. Zwei, drei Stunden hatte sie jeden Abend die Hirse bearbeitet. Nun war es eine Pracht, sie anzusehen.

Sie war traurig, das Korn auf dem Halm verkaufen zu müssen, es brachte einen Pappenstiel ein. Wohnung auflösen, Möbel verkaufen, letzte Schulden eintreiben. Sie war immer gutmütig gewesen und hatte geborgt, wenn einer was brauchte, aber wenn der nun dachte, sie haut ab und erläßt ihm die Schulden, also nee, das nicht.

In einer Woche war sie mit allem fertig, alles verkauft, Koffer gepackt, so, und nun los. Es war überhaupt nicht beunruhigend, daß der Beauftragte des Roten Kreuzes sich nicht meldete. Sicherheitshalber fuhr sie nochmals nach Minussinsk, einen Tag hin, einen zurück, und es war noch heißer geworden.

Nein, sagte der Beauftragte, Moskau habe sich nicht wieder gemeldet. Ob er nicht selbst anrufen würde? fragte Mäd. Wo denke sie hin, sagte der Beauftragte, er könne nicht eigenmächtig mit Moskau telefonieren. Sie bezahle es, sagte sie. Ausgeschlossen. Auch nach einer weiteren Woche war er nicht bereit, mit Moskau zu telefonieren. Erst als sich nach einem Monat die Leute aufregten: so könne man nicht mit Menschen umgehen, einen zuerst antreiben, alles zu verkaufen, und ihn dann im Stich lassen, erst da rief er Moskau an.

Dort war man überaus freundlich. Leider hätten sich bei den internationalen Verhandlungen Komplikationen ergeben, man bitte um etwas Geduld. Auch nach zwei Monaten und nach drei Monaten wurde um etwas Geduld gebeten. Indessen sah Mäd zu, wie fremde Leute ihre schöne Hirse ernteten und sich freuten, ihr blutete das Herz. Sie hatte nichts mehr, keine Möbel, keine Lebensmittel, kein Geld, denn all die bescheidenen Erlöse waren mit den andauernden Reisen nach Minussinsk und den Telefongesprächen mit Moskau draufgegangen.

Spät im Herbst, als sie tief verschuldet war und sie nicht mehr auf den Marschbefehl aus Moskau wartete, begann sie, langsam wieder Fuß zu fassen, begann, wieder ein Bild zu malen, eine Puppe zu nähen. Die internationale Lage habe sich verschlechtert, das Internationale Rote Kreuz sei als eine amerikanische Spionageorganisation entlarvt worden, sagte ihr der Beauftragte im Vertrauen, pfui Teufel über Amerika.

Sie brachte zwar noch vor, was denn die internationale Lage mit ihrer Heimreise in die DDR zu tun habe. Das seien alles doch hochkomplizierte Verwicklungen, sagte der Beauftragte, wenn man jetzt den Amerikanern, dem Weltstörenfried Nr. 1, in einem einzigen Punkt nachgebe, dann sei der Weltfrieden keinen Pfifferling mehr wert.

Da wartete sie nicht mehr. Sie baute neue Hirse an, pflegte und wässerte sie. Sie kaufte ihre alten Möbel wieder zurück, was böses Blut machte, Möbel waren knapp, und wer gab schon gern so günstig gekaufte Sachen weg. Weitere drei Jahre mußte sie warten, bis erneut die Nachricht kam, sie solle sich fertigmachen zur Abfahrt nach Deutschland.

Nun sag doch mal, wie geht es dir?

Ende September 1955 traf sie als freier Mensch in Moskau ein. Neunzehn Jahre war sie verreist gewesen. Die Stadt schön wie eh. Aber die Menschen. Keiner mehr da, den sie kannte. Alle Adressen klapperte sie ab. Nach langem Suchen endlich: Eva. Obwohl sie die ganzen Jahre gefürchtet hatte, sie hätte Eva vielleicht unwissentlich in den Strudel ihres Unglücks hineingerissen. Jetzt stellte sie fest, sie lebte, und ihr war nichts geschehn.

Sie ging zum Plechanow-Institut, um sich dort in der Parteigruppe anzumelden, denn das war klar, sie hatte unschuldig gelitten, und ihre Mitgliedschaft in der Partei war selbstverständlich stillschweigend wiederhergestellt worden. Auch am Plechanow-Institut kannte sie keinen. Man behandelte sie mit viel Feingefühl, denn von allen, die dort gelernt und gelehrt hatten, waren nur wenige übriggeblieben.

Neuer Grund zur Freude: Sie habe Anspruch auf Entschädigung. Zwei Monatsgehälter habe sie zu beanspruchen, die könne ihr nun niemand mehr streitig machen, also auf die Taschen und eingesackt. Mäd wollte noch in aller Bescheidenheit fragen: Für jedes Jahr Zwangsarbeit zwei Monatsgehälter oder für alle neunzehn Jahre die Summe? Der neue Institutsdirektor war so verlegen, als er mit ihr die Entschädigung besprach, daß sie die Antwort im voraus wußte, wozu noch fragen?

Für dieses Geld, sagte Mäd, so wenig es war, habe sie sich nur schöne Sachen gekauft, das habe sie nicht für Dinge vergeudet, die sie zum Lebensunterhalt benötigte. Sie hatte noch sowjetische Staatsobligationen bei Eva hinterlegt. Es war damals Zwang im ganzen Land, zehn Prozent des Lohns in Obligationen anzulegen, der Betrag wurde gleich vom Lohn abgezogen. Die staatlichen Schuldscheine wollte sie nun auch noch vorlegen. Immerhin hatte sich ein ganz erkleckliches Sümmchen angesammelt all die Jahre. Doch dann hieß es, die Obligationen seien verfallen oder ersatzlos gestrichen.

So ging ihre neunzehn Jahre dauernde Fahrt zu Ende. Sie kehrte nach Deutschland zurück und hoffte auf einen ehrenvollen Empfang. Doch der blieb aus. Eher beiläufig hieß es, als sie kam: Hallo, Tachchen, tschulge mich maln Momeng, muß mal schnell innes Zettkah, falz wa uns nich wiedersehn sollten: Ohrn steifhalten. In den neuen Behörden der neuen Deutschen Demokratischen Republik war man mit vielerlei beschäftigt.

Was gab es alles zu tun und zu ordnen! Auf keinen Fall war man bereit, sich von jemand die Ohren vollblasen zu lassen mit irgendwelchen märchenhaften Abenteuern an irgendeiner Kolyma. Es waren zumeist junge, forsche Leute, die hier das Ruder in die Hand genommen hatten. Was heißt hier unschuldig gelitten, die Arbeiterklasse in den kapitalistischen Ländern leidet heute noch unschuldig.

Dann, als im Februar 1956 der XX. Parteitag der KPdSU die Geheimnisse des hohen Nordens und des Fernen Ostens ein wenig lüftete, konnte sie sich nicht mehr zurückhalten und begann zu erzählen von dem, was geschehen war. Sie klagte nicht an, sie enthüllte nicht, sie jammerte nicht, kühl und diszipliniert erzählte sie »von dort«, vermied erschreckende Details, erzählte mit vereinfachtem Vokabular ohne solche häßlichen Wörter wie: Konzentrationslager, Erschießungen, Zwangsarbeit, Massenmord, Folterkeller, Verbannung und NKWD-Schergen.

Hätte sie doch den Mund gehalten. Hätte sie doch darauf verzichtet, im Recht zu sein. Hätte sie doch nicht darauf bestanden, die Wahrheit zu schreiben. Dann wäre auch sie heute eine berühmte Schriftstellerin, wäre Doktor und Professor, Träger hoher Orden und Auszeichnungen. Ihre Geschichten heißen: »Lisa«, »Das Gesuch«, »Die letzte Chance«, »Ein Lagermärchen«, »Eine wahre Geschichte«, »Ein Laib Brot«, und alle spielen sie unter Gefangenen oder Verbannten.

Man hat sich wahrscheinlich lange über sie unterhalten, bis man sich entschloß, ihr in Berlin keine Arbeit zu geben. Sie hatte alles, was ein neues Gesellschaftssystem benötigte von seinen freien Bürgern, sie war kühn, phantasievoll, aufoperungsbereit, treu und verschwiegen. Selbst nach neunzehn Jahren währender Fahrt durch wüsteste Regionen hing sie eigensinnig und unbelehrt ihrem Jugendideal an.

Warum sind Sie nicht nach Westdeutschland gegangen? fragte ich sie.

Da gehöre sie nicht hin, sagte sie. Noch mit achtundsiebzig hoffte sie, ihre Genossen werden eines Tages zu ihr kommen und sagen: Mäd, wir haben viel gutzumachen. Versteh uns, bitte, wir wollten dich nicht kränken. Wir steckten nur in solchen Schwierigkeiten, die unsere ganze Kraft in Anspruch nahmen, daß wir dich und deine Probleme vergessen haben.

Es ist nicht unsere Art, einen von uns so sehr zu verletzen, wie wir es mit dir getan haben. So was darf auch nicht wieder vorkommen. Wir dürfen nicht bei unserer »Schlacht unterwegs« das eigentliche Ziel außer acht lassen. Wer wären wir denn, daß wir uns nur noch um unser eigenes Überleben kümmern und den Genossen, der sich für uns aufgeopfert hat, unterwegs liegenlassen. Nein, Mäd, das darfst du nicht von uns glauben.

Wir waren dumm und verbohrt, dich abzuweisen. Dabei gibt es keinen, der uns mehr über uns selbst erzählen könnte als du. Verzeih uns also, und nun sag doch mal, wie geht es dir, wie hast du die schrecklich vielen Jahre überstanden? Was haben die mit dir gemacht? Erzähl es uns doch bitte, vielleicht können wir daraus lernen.

Da sie zwanzig Jahre allein gelassen wurde in ihrem Schmerz um den Zustand der Partei, da niemand erfahren wollte, was sie erlebt hatte, und niemand wissen wollte, was sie wußte, kam sie 1977 zu mir, um mir alles zu erzählen.

Nachdem sie mir ihr Leben erzählt hatte, sah ich auch mein eigenes in einem härteren Licht. Es war alles lächerlich und eitel, was ich getan hatte. Ich war enttäuscht von mir und beschämt, daß ich tatsächlich gedacht hatte, ich könnte etwas bewirken.

Das einzige, was ich mit meinen Aktivitäten bewirkt habe, sagte ich eines Tages zu Mäd, ist, daß ich nun raus bin aus der Partei.

Sie beneide mich deswegen, sagte sie, sie werde wohl nie von der Partei wegkommen.

Bedauern Sie es? fragte ich.

Was heißt bedauern? Sie ist mein Leben.

Ich beglückwünsche dich zu deinem Entschluß

Am Vormittag des 17. November 1976 hatte ich zweierlei Papiere vor mir auf dem Schreibtisch. Auf der einen Seite lag das Manuskript Nr. 1/77 der Zeitschrift, deren Herausgeber ich seit einem dreiviertel Jahr war, auf der andern die Tageszeitung mit der aufgeschlagenen Seite 2 und dazu der Entwurf eines Briefes an die Behörde. Es war klar, daß die beiden Sorten Papiere einander ausschlossen, ich wußte nur noch nicht, für welche Seite ich mich entscheiden sollte.

Das Manuskript der Nummer 1 war das Ergebnis monatelanger Auseinandersetzungen mit Verlag und Ministerium, und so, wie es nun vorlag, sollte es in die Druckerei gehen. Das Inhaltsverzeichnis führte unter anderem diese Arbeiten auf:

Helga Schubert – Mondstein

Guillermo Núnez – Zu Fragen der Kulturpolitik der Unidad Popular

Reinhard Heinrich – Vier Gedichte

Peter Hoffmann – Dabei habe ich den Zweifel nicht gewollt

Thomas Brasch – Fastnacht

Volker Koepp – Leben in Wittstock, eine Dokumentation

Alain Lance – Die Situation der jüngeren Lyrik in Frankreich mit acht Nachdichtungen von Richard Pietraß

Wulf Kirsten – Über Jakob van Hoddis

Adolf Endler – Kurzprosa

Vier Rezensionen zu Jurek Beckers »Der Boxer«

Also eine Zeitschrift ohne eigenen Standpunkt? sagte Mäd.

Ich erklärte ihr meinen Standpunkt: Es sollte eine temperamentvolle Zeitschrift werden, in der die gegensätzlichsten Standpunkte nebeneinanderstehen. Ich wollte das Meinungsmonopol der SED untergraben.

Sie? fragte Mäd.

Ja, ich, wer sonst?

Ach, sagte Mäd.

Auf der anderen Seite die Zeitung und mein Brief an die Behörde, in dem ich mich bestürzt zeigte über die Ausbürgerung Biermanns und erklärte, daß ich damit nicht einverstanden sei. An dem Entwurf des Briefes störte mich vor allem, daß ich darin bat, die Maßnahme rückgängig zu machen.

Würde sich eine Behörde umstimmen lassen, die so entschlossen aufgetreten war wie in diesem Fall? War so eine Sache nicht von langer Hand ausbaldowert? War nicht auch einkalkuliert, daß nun Leute in ihren Stuben über Briefen brüten wie ich? Ich hatte abzuwägen zwischen einem Protestbrief, bei dem ich mir ausrechnen konnte, daß er erfolglos sein würde, und einer Zeitschrift, die einen wohl abgewogenen Kompromiß darstellte, der mich beschämte.

Wollten Sie in die Politik? fragte Mäd.

Was gibt es an einem vernünftigen Kompromiß auszusetzen? rief ich.

Ja, ja, ich ahnte schon, sagte Mäd, daß Sie in die Politik wollen.

Ich entschied mich für den Brief ohne Freude und ohne Hoffnung. Abends hörte ich dann von der Unterschriftsliste Berliner Schriftsteller.

Ich rief Sarah an, deren Name genannt worden war, fragte, was los sei. Sie sagte es mir, diktierte Text und Namen, die ich aufschrieb ohne Hast. Ich hatte davon gehört, daß sich noch andere der Liste angeschlossen hatten, und fragte danach. Sie wußte aber nichts und riet mir, mich bei Becker zu erkundigen. Der nannte mir dann noch die andern. Einen Namen verstand ich nicht und bat, ihn zu wiederholen.

Das ist die große deutsche Schauspielerin Käthe Reichel, sagte Becker ungeduldig. Der Ton ärgerte mich und auch das, was er dann sagte: Hiermit fordere ich dich auf, daß du dich der Petition anschließt. Ich erklärte ihm, daß ein Brief von mir schon unterwegs sei, daß ich mir alles andere noch in Ruhe überlegen werde, daß ich von ihm nur wissen wollte, was geschehen sei, und legte auf.

Es war schon spät, als ich ihn nochmals anrief und ihn fragte, was ich tun müsse, um auch auf die Liste zu kommen. Er sagte, es genüge, wenn ich es ihm jetzt mitteile. Ob ich nicht irgendwas irgendwo unterschreiben müsse, fragte ich. Etwas zu unterschreiben sei nicht nötig, sagte er, er selbst habe auch nichts unterschrieben, da er eben erst aus Jena zurückgekehrt sei, es genüge, wenn ich ihm jetzt erkläre, daß ich auf die Liste wolle, dann sei alles gelaufen.

Da sagte ich: Hiermit erkläre ich mich einverstanden mit der Resolution, ich bitte, meinen Namen auf die Liste zu setzen, und er sagte: Ich beglückwünsche dich zu deinem Entschluß. Mir war, als sei ich soeben einer neuen Religion beigetreten und auf ein geheimes Symbol vereidigt worden.

Instinktlosigkeit sondergleichen

Es war inzwischen Mitternacht. Nun las ich die Kopie meines Briefes durch, dann das, was mir am Telefon diktiert worden war. Es waren in der Tat zwei sehr merkwürdige Schriftstücke voll von Reizwörtern und Beschwichtigungsformeln, unfrei, verquollen und verkrampft.

Mir gefiel weder das eine noch das andere, weder inhaltlich noch stilistisch. Ich hatte nicht den Eindruck, etwas Umwälzendes getan zu haben, eher etwas Lächerliches. Erst als ich mir nochmals die Tageszeitung ansah und die dort ausgebreiteten Tiraden durchlas, begriff ich auch die beiden Schriftstücke besser. 19. November, Freitag, 14 Uhr, Leitungssitzung. Dr. Bauer war gekommen, um Richtlinien der Führung vorzutragen. Da mein Name bisher im Radio nicht durchgekommen war, mußte ich selbst für klare Verhältnisse sorgen, und da der Parteisekretär mich nicht zu Wort kommen lassen wollte, unterbrach ich Dr. Bauer und teilte mit, daß ich mich der Petition angeschlossen habe. Görlich schlug mit der Hand auf den Tisch: Eine Instinktlosigkeit sondergleichen.

Als Hermann Kants Schatten auf dem Flur hinter der Glastür auftauchte, sprang Henniger auf, wobei er seinen Stuhl umschmiß, und rannte hinaus. Es dauerte dann eine Weile, bis die Tür aufging und Kant, seit seinem Unfall damals immer noch leicht beduselt, mit seinem Hündchen an der Leine hereinkam. Henniger, vor sich hin grimassierend wie immer, folgte ihm und machte die Tür mit übertriebener Vorsicht zu, als gelte es, einen Gottesdienst nicht zu stören.

Als Kant hinter mir vorbeiging, legte er mir die Hand auf die Schulter und tätschelte sie leicht, als seien wir weiß Gott wie gute Freunde, setzte sich, schaute sich um, grüßte hierhin und dorthin, schaute dem einen Redner auf den Mund und dem andern, um sich zu orientieren. Und während er so tat, als würde er aus den hitzigen Worten hin und her herauszubekommen versuchen, worum es gehe, wurde sein Gesicht immer ernster. Henniger, der ihn eben auf dem Korridor informiert hatte, rieb sich, leicht geduckt, nervös die Hände.

Er bitte um Entschuldigung, daß er zu spät gekommen sei, fing Kant plötzlich an, während er seinem Hündchen das Fell kraulte, und es sei wohl der seit seinem Unfall so schwachen Konzentrationsfähigkeit zuzuschreiben, daß er wahrscheinlich alles falsch verstanden habe, denn was er den Reden zu entnehmen glaube, sei allzu unglaublich, er bitte auch gleich um Verzeihung, wenn er es ausspreche, er wolle sich bloß vergewissern, tatsächlich alles verkehrt zu begreifen, wie denn? Ein Leitungsmitglied habe sich diesen Leuten da angeschlossen?

Ja, schrie jemand, und ich fordere euch auf, dieses Subjekt da hinauszuwerfen. Ich will nicht, daß alles, was ich heute sage, morgen im RIAS durchkommt. Es wäre nicht das erstemal, daß so was passiert.

Ich sagte, als gewähltes Mitglied der Leitung werde ich meinen Sitz hier nur nach Beschluß der Vollversammlung aufgeben.

Ich erwartete, daß alle aufstehen und das Zimmer verlassen, um sich woanders erneut ohne mich zu versammeln. Das geschah aber nicht, denn Dr. Bauer, mit dem Lächeln des Mannes auf den Lippen, der alles durchschaut und jederzeit die Situation beherrscht, sagte, selbstverständlich denke niemand ernsthaft daran, ein gewähltes Mitglied der Leitung hinauszuwerfen, bevor nicht das Plenum die Sache behandelt habe.

Er entwarf ein Bild der Situation, das alle beruhigen sollte. Er sagte, die Partei habe in ihrer langen und wechselvollen Geschichte schon vielerlei Angriffe auf ihre Existenz abwehren müssen, das sei nichts Neues, und es habe in der Vergangenheit jeder, egal, ob Revisionist, Trotzkist, Renegat oder Verräter, beim Wort Verräter sah er mit leichtem Lächeln zu mir hin, immer seinen Denkzettel bekommen, den er sein Lebtag nicht mehr vergaß. Nicht, daß solche Angriffe auf die Partei vorkämen, sei beunruhigend, sie sind vorgekommen und sie werden vorkommen, beunruhigend wäre so eine Sache erst dann, wenn die Partei einmal nicht mehr wüßte, wie sie sich dazu verhalten sollte. Er könne nun, und dazu sei er gekommen, frank und frei sagen, zur Beunruhigung sei kein Anlaß.

Nun fragte mich der Sekretär, wie ich mich auf der nächsten Parteiversammlung verhalten werde, und ich sagte, daß ich die Grundorganisation informieren und vor ihr begründen werde, warum ich mich der Petition angeschlossen habe. Da redeten sie alle auf mich ein, ich solle mich nicht jetzt schon festlegen. Ich solle es mir gründlich überlegen, ob ich wirklich so etwas Törichtes tun werde und mich in den Mittelpunkt einer Auseinandersetzung begebe, deren Ausgang ich heute vielleicht nicht überschaue. Ja, ich werde drüber nachdenken, sagte ich, doch sähe ich keinen Grund, mit meiner Meinung hinterm Berg zu halten, es sei denn, mir werde jetzt durch Beschluß untersagt, zu sprechen. Darüber wurde eine Weile diskutiert. Ich sagte, daß ich bereit sei, Parteidisziplin zu wahren und den Rand zu halten, doch warne ich vor einem solchen Beschluß, denn fiele mein Name und werde ich aufgefordert, mich zu rechtfertigen, müßte ich sagen, daß ich mich verpflichtet habe, zu schweigen. Daraufhin wurde das Thema fallengelassen. Ich erinnerte noch daran, daß ich laut Plan an der Reihe sei, die nächste Parteiversammlung zu leiten, welche Empfehlungen mir die Leitung dazu geben könne. Es folgte ein kurzer Verständigungswortwechsel, der damit endete, daß der Sekretär sagte: Ich schlage vor, Karl-Heinz von der Leitung der nächsten Parteiversammlung zu entbinden, weil wir nicht die Gewähr haben, daß er sie mit der nötigen Objektivität leitet, es ist zu befürchten, daß er die Petenten bei der Worterteilung bevorzugt.

Sein Antrag wurde mit meiner Gegenstimme angenommen. Schließlich erinnerte ich daran, daß ich auf dem kommenden Schriftstellerkongreß die Arbeitsgruppe »Parteilichkeit« zu leiten habe, ich sei mitten in den Vorbereitungen dazu. Er sei überzeugt, sagte der Sekretär matt, daß er im Namen aller spreche, wenn er jetzt erkläre: Auf deine Mitarbeit können wir in Zukunft verzichten.

Jeder hatte seine Lektion erhalten

Es war lächerlich und Mitleid erregend zugleich. Keiner von ihnen war um Rat gefragt worden. Keiner von ihnen war informiert worden. Keiner von ihnen hatte sich an dem Putsch der Führung gegen die Partei beteiligt. Der Handstreich der Führung hatte sie ebenso überrumpelt wie uns alle. Nicht einmal Henniger war ins Vertrauen gezogen worden, nicht einmal Kant. Doch hatte jeder der hier Versammelten bereits sein eigenes Konzept entwickelt, wie es wohl möglich sei, nachträglich die Schuld auf sich zu nehmen und sich damit schützend vor die Führung zu stellen. In tiefer Sorge um die Zukunft der Partei suchte jeder nach einem Ausweg aus der Situation, die er nicht verschuldet, die er nicht einmal geahnt hatte.

Das Faszinierendste an der Partei war für mich immer ihre Geschlossenheit, die mit dem Wort »monolithisch« zutreffend beschrieben werden kann. Als ich mich der Petition anschloß, hatte ich mich aus der Partei entfernt, vorsätzlich und ohne den Wunsch der

Umkehr. Dasselbe dachte ich von den zwölf Erstunterzeichnern. Ein solches Schriftstück wie die Petition zu entwerfen, zu unterschreiben und das Dokument dem politischen Gegner zuzuspielen ist nur möglich, wenn die Beteiligten, die ihre Zustimmung dazu geben, fertig sind mit der Partei und sich auch nicht mehr umstimmen lassen. Ich hatte mich ohne Illusion an der Petition beteiligt. Daß die Behörde die Ausbürgerung rückgängig machen würde, war ausgeschlossen, ebenso, wie es unmöglich gewesen wäre, eine Gruppe mit einheitlichem politischem Ziel außerhalb der Partei zu bilden. Die meisten der Erstunterzeichner hatten genug Gründe, sich von der Partei loszusagen, und zwar diesmal nicht auf die übliche kokette Weise, um den eigenen Marktwert zu erhöhen, sondern ernst, entschlossen und unwiderruflich.

Kunert war in den bösen Jahren 1963 bis 1965 von allen am gröbsten verleumdet worden, seine Gedichte und Fernsehspiele wurden öffentlich in einer Weise angeprangert, daß man um sein Leben fürchten mußte. Heym hatte der Partei mit seinem Buch »Reise ins Herz der deutschen Arbeiterklasse« einen unschätzbaren Liebesdienst erwiesen, und obwohl er immer nur Vernünftiges und Parteiliches sagte und schrieb, hatte Ulbricht ihn zu seinem persönlichen Feind erkoren, aus Gründen, die wohl nie aufgeklärt werden können. Sarah Kirsch war schon in jungen Jahren öffentlich gerüffelt worden, da sie sich mit einigen ihrer Gedichte, wie es hieß, von den Interessen der Arbeiterklasse abgewandt habe und nun dem Feind nach dem Munde rede. Zu Hermlin hatten sich einige Generationen junger Dichter geflüchtet, doch er hatte sie nicht schützen können, da er selbst bald verdächtigt wurde, ein Verräter zu sein. Heiner Müller war gegen seinen Willen mit Versprechungen in den Schriftstellerverband gelockt worden, doch kaum war er drin, da schmissen sie ihn hinaus wegen seines Stücks »Die Umsiedlerin«. Christa Wolf war bis ins ZK der SED gelangt, wurde aber bald von einem Mann namens Kabrowski oder so ähnlich abgelöst, da ihre kulturpolitischen Vorstellungen im Gegensatz standen zu den Erwartungen der Partei.

Franz Fühmann hatte es besonders schwer getroffen, denn er war Mitglied der Nationaldemokratischen Partei Deutschlands, dem Sammelbecken zum Sozialismus bekehrter ehemaliger Hitler-Anhänger. Für ihn hatte sich die SED eine besondere Tortur ausgedacht. Sie ließ ihn von denselben alten Nazis fertigmachen, denen er mit seinen Dichtungen zu entrinnen versucht hatte. Jurek Becker hatte mit internationalen Preisen den Neid der tonangebenden Leute erregt, sie wollten ihn am liebsten dorthin schicken, wo der Pfeffer wächst, über ihn hielt nur noch Hager seine Hand.

Jeder von ihnen hatte seine Lektion erhalten, doch waren sie alle auch verbunden mit der Partei durch Angst, Mitleid oder Treue, so daß es leichtgefallen wäre, diesen oder jenen zur Umkehr zu bewegen. Ich wohnte fünfzig Kilometer von Berlin entfernt auf dem Lande, doch bis nach Falkensee drangen die Gerüchte von pausenlosen Beratungen mit ihnen.

Inzwischen hatten sich mehr als hundert Menschen, Künstler zumeist, aber auch Arbeiter und Angestellte der Petition angeschlossen. Als ich dann hörte, daß Hermlin die Erstunterzeichner am 23. November abends zur Lagebesprechung zu sich geladen hatte, war ich in Sorge, die dort in der Kurt-Fischer-Straße Versammelten würden wieder einen Text verabschieden und nun auch die Nachunterzeichner vor vollendete Tatsachen stellen. Deshalb ging ich ganz früh am Montag zu Volker Braun, um ihn nach seiner Meinung zu fragen und ihn zu warnen, bei Hermlin etwas zu unterschreiben, das die Leute in Gefahr bringen könnte, die sich im Vertrauen auf seinen guten Namen, auf seine Lauterkeit und sein Verantwortungsbewußtsein ihm angeschlossen hatten.

Auf dem Korridor sagte Braun leise, ich solle nicht ungehalten sein, Mittenzwei sei da, er gehe aber gleich, dann könnten wir uns ungestört unterhalten. Dazu kam es aber nicht, denn Mittenzwei sagte gleich, es sei schön, daß ich käme, er habe vorhin schon zu Braun gesagt, aber besser er wiederhole es jetzt: Hört mal, wollt ihr nicht etwas dagegen unternehmen, damit denen drüben da, die sich schon am 17. Juni allzu eifrig in unsere Angelegenheiten eingemischt haben, der Wind aus den Segeln genommen wird.

Da ich nicht wußte, was Braun und Mittenzwei bereits verfaßt hatten, erklärte ich mich bereit, bei der Vorformulierung mitzumachen, die Braun dann abends den Erstunterzeichnern vorlegen könne. Wenn die das akzeptierten, so müßte dann noch jeder der später Hinzugekommenen gefragt werden, ob er einverstanden sei. Es hatten bereits einige Nachunterzeichner ihre Unterschrift zurückgezogen, im Studio für Dokumentarfilm beispielsweise, aber auch andere festangestellte Regisseure und Schauspieler wurden schwankend, denn ihnen war angedroht worden, sie würden auf die Straße fliegen. Man müsse den Nachunterzeichnern die Möglichkeit geben, heil aus der Sache rauszukommen, wenn sie es wünschten. Es sei Sache der Petitionsverfasser, keinen einzigen der Nachunterzeichner hängenzulassen.

Nachdem wir eine Stunde Sätze gedrechselt und sie wieder verworfen hatten, blieb dieser Text übrig:

»In Erwägung, daß die Ausbürgerung Wolf Biermanns bei vielen fortschrittlichen Kräften in der Welt auf Unverständnis stoßen würde, haben wir die Partei gebeten, die Maßnahme zu überdenken. Wir sehen jetzt, wie unsere Stellungnahme dazu benutzt wird, eine Kluft zwischen uns und unserer Partei zu konstruieren. Diese Versuche weisen wir zurück.«

Mittags war ich mit Christa und Gerhard Wolf in einem Restaurant zum Essen verabredet. Ich fragte sie, wie es abends bei Hermlin wohl ausgehen werde. Wie das Hornberger Schießen, sagten sie. Wir verständigten uns über Namen von Leuten, die ihre Unterschrift bereits zurückgezogen hatten. Ich erzählte von meinem Besuch bei Braun und von Mittenzweis Mission und gab ihnen den Text, der abends den Geladenen vorgelegt werden sollte. Gerhard Wolf sagte: Ja, das sei eine Möglichkeit.

Christa Wolf war betroffen: Daß Braun an seine Sicherheit denke, sei verständlich, aber warum ich? Ich erklärte ihr, daß mir Hermlins Aktionen verdächtig seien, wobei sie mir zustimmte, erzählte vom Verlauf der Parteileitungssitzung und davon, daß ich jetzt fertig sei mit der Partei, und zwar unwiderruflich, eine Umkehr komme nicht mehr in Frage.

Das hätte ich mir überlegt, bevor ich mich der Petition anschloß. Ich werde mich nicht von den einsamen Entschlüssen des Mannes in der Kurt-Fischer-Straße manipulieren lassen. Was ich zu sagen habe, dazu benötige ich keine spektakuläre Öffentlichkeit. Ich sei Manns genug, meine Interessen selbst wahrzunehmen. Der Petition habe ich mich aus Solidarität zu ihnen, den Wolfs beispielsweise, angeschlossen. Andere Interessen hätte ich dabei nicht gehabt.

Die Sache sei mir ohnehin von Anfang an verdächtig gewesen. Zuviel Emotion, zuviel Rückversicherung. Daß die proletarische Revolution sich im Gegensatz zu anachronistischen Gesellschaftsformen unablässig selbst kritisiere, sei zwar korrekt zitiert, doch in einen Zusammenhang gebracht, der zu unlauteren Schlußfolgerungen ermutige. Meinen eigenen Brief an die Behörden erwähnte ich auch, unterließ aber, zu sagen, daß ich ihn ebenso blöd fände. Wenn nun nachher in der Kurt-Fischer-Straße wiederum ein Papier verabschiedet werden sollte, das auch die Nachunterzeichner billigen könnten, so sei die Petition tot, doch alle, die da schwankten, und derer sähe ich viele, wären gerettet.

Für mich selbst wäre das die beste Lösung, denn

dann wäre ich in meinen Entschlüssen wieder frei und brauchte keine Rücksicht zu nehmen auf Entschlüsse anderer, an deren Zustandekommen man mich nicht beteilige. Ich solle doch mitkommen zur Kurt-Fischer-Straße, sagte Christa Wolf. Gerhard Wolf fand den Vorschlag seiner Frau nicht gut.

Da kommt ja unser kleiner Verräter

Ich besuchte noch Sarah Kirsch. Sie hatte sich schon in Schale geschmissen und war sehr optimistisch, in meinen Sorgen konnte sie mich nicht beruhigen.

Nachts um zwölf klingelte in Falkensee das Telefon. Volker Braun sagte, etwas Schreckliches sei passiert. Er habe unser Formulierungspapier am frühen Nachmittag einer hochgestellten Persönlichkeit im Ministerium für Kultur gezeigt, die habe sofort gesagt: Ja, das ist es. Nun müsse er allerdings noch sagen, daß er dem von mir gebilligten Text noch einen Satz zuvor und einen danach habe einfließen lassen.

Die Person habe eine Abschrift des Textes erbeten, um ihn im Kollegenkreis beraten zu können. Ausdrücklich aber habe er, Braun, eine Veröffentlichung untersagt, wofür die Person auch Verständnis gezeigt habe. Entgegen dieser Absprache aber sei der Text am Nachmittag gleich an den ADN gegeben worden, der ihn unter unser beider Namen veröffentlichte. Als er abends in der Kurt-Fischer-Straße ankam, war die Meldung dort bereits bekannt, denn der RIAS hatte sie eben im Radio durchgegeben. Er bitte mich um

Entschuldigung deswegen, es sei zwar alles seine Schuld, doch sei auch er von der hochgestellten Persönlichkeit überfahren worden.

Zu allem Übel werde die Meldung unter unser beider Namen morgen früh im ND stehen. Er habe zwar dagegen protestiert, vor allem, weil auch ich in die Sache hineingezogen sei, obwohl ich an dem endgültigen Text nicht beteiligt war. Man habe ihm zugesichert, daß der Text im ND nur unter seinem Namen herauskomme, garantieren könne er es allerdings nicht. Wenn ich also morgen früh meinen Namen in der Zeitung sehe, so solle ich ihm nicht gram sein, er sei auch nur Opfer.

Ich rief sofort die Nachtredaktion der Zeitung an und ließ mich mit der verantwortlichen Redakteurin verbinden, fragte nach dem Text, und sie sagte, ja, er sei im Blatt. Ob mein Name drunter stehe, fragte ich. Ja, sagte sie, natürlich, warum? Ich bat, meinen Namen zu streichen, das sei unmöglich, sagte sie, die Zeitung werde bereits gedruckt. Doch als ich ihr die Konsequenzen erläutert hatte, sagte sie: Beruhige dich, du bist schon so gut wie raus. Brauns Text stand dann zwei Tage später in der Zeitung ohne meinen Namen.

Am nächsten Tag saßen wir bei der Versammlung nebeneinander. Er entschuldigte sich nochmals und gab mir seinen modifizierten Text zu lesen, das drukken die nie, sagte er. Ich fragte ihn, warum er dessen so sicher sei. Er berief sich darauf, daß er seine Mahnung an die Adresse von »Freund und Feind« gerichtet habe, das hätten die in der Eile übersehn.

Er gab mir auch das Manuskript seiner Rede zu lesen, die er heute noch halten wolle. Ich hatte keine Lust, er ließ aber nicht locker. Etwas Ungeheures bahne sich da an. Er stelle nämlich den Antrag, gegen zwei Personen das Parteiverfahren zu eröffnen. Ich erfuhr auch die Namen. Seine Idee war so absurd, daß ich dachte, er veräppelt mich. Es schien ihm aber ernst zu sein damit. Ob er glaube, daß er durchkomme mit seinem Antrag, fragte ich vorsichtig. Ich werde es erleben, sagte er, ich solle nur aufpassen. Sosehr er sich auch bemühte, es gelang ihm nicht, meine Zweifel zu zerstreuen. Den Beweis brauchte er nicht anzutreten, denn das Wort wurde ihm nicht erteilt.

Meine Sorge, daß die Erstunterzeichner bei ihrer Lagebesprechung am Vortag in der Kurt-Fischer-Straße vielleicht wiederum einen Text verabschieden würden, erwies sich als unbegründet. Die Stimmung dort war, wie ich hörte, eher euphorisch, die sich noch steigerte, als Braun eintraf, dessen Text eben im Radio durchgekommen war.

Da kommt ja unser kleiner Verräter, rief Hermlin lachend aus, als wolle er damit sagen, er habe mitfühlendes Verständnis für einen, der Angst bekomme. Er selbst und sicher auch die andern wären von Anwandlungen solcherart jedenfalls frei.

Es wird alles gut ausgehn, hatte Sarah gesagt, als sie sich auf den Weg machte zur Lagebesprechung, es wird alles gutgehn, hatten die Wolfs gesagt, reg dich nicht auf, es geht alles gut, du immer und dein Mißtrauen. Es sieht alles ganz optimistisch aus, sagte Bekker am Telefon.

Wieso? fragte ich, lassen die Biermann wieder rein?

Nein, sagte Becker, das natürlich nicht.

Wird die Petition im ND veröffentlicht?

Nein, sagte Becker ungeduldig.

Worin er dann das Optimistische in der Sache sehe, fragte ich.

Er verhandele Tag für Tag.

Mit wem?

Das dürfe er nicht sagen. Er könne aber eins versichern, es werde alles gut ausgehn.

Pausenlos wurde mit den Erstunterzeichnern verhandelt, das war bis in Falkensee zu hören. Bis nach Falkensee sprach es sich in Windeseile herum, wem in zähen Verhandlungen welches einsichtige Wort entrungen worden sei. Wie es auch ausgehen möge, sagte Christa Wolf eines Tages, mit einer Katastrophe jedenfalls nicht, und wenn, gemessen an der Aufregung, die sie verursache, die Petition keinen sichtbaren Erfolg erzielen sollte, eins habe sie erreicht, das uns auch keiner mehr nehmen könne: sie hat uns einander näher gebracht.

Alle hielten den Atem an

Der Meinung allerdings war damals auch ich. Ich erzählte Mäd, wie ich geprellt worden war bei der Wahl in die Parteileitung, denn als ich aufgestellt wurde, hatte es geheißen, es gehe um Demokratisierung. Die Leitung solle erweitert werden, um den Einfluß der Dogmatiker zurückzudrängen.

Und das haben Sie geglaubt? fragte Mäd.

Ja, sagte ich.

Zum Donnerwetter, sagte Mäd, was sind Sie für ein Wirrkopf.

Es war aber keine Erweiterung der Leitung, sondern es wurden einige Personen ausgewechselt. Ich nahm die Stelle von Volker Braun ein, der in dem Augenblick aus der Leitung schied, als ich ihr Mitglied wurde.

In den sechs Jahren meiner Zugehörigkeit zur Leitung war das schwierigste Problem Jurek Becker. Keine Leitungssitzung verging, ohne daß eine seiner »Unverschämtheiten«, wie es hieß, zur Sprache kam. Mal hatte er bei einem Westaufenthalt ein Interview gegeben, mal hatte er einen westeuropäischen Literaturpreis angenommen, mal hatte er seinem DDR-Verlag unzumutbare Forderungen gestellt, und jedesmal wurde gesagt: der Mann muß raus, aus der Partei, aus dem Land, egal, Hauptsache raus.

Ob ich wirklich geglaubt habe, ich könne Becker retten? fragte Mäd.

Doch, sagte ich, immerhin stellten sich auch andere in der Parteileitung auf Beckers Seite, und ich nannte die Namen.

Alles eitel, alles Phantasien, alles unnütz, sagte Mäd, Hager stehe zu Becker, das sei das einzige, das zähle.

Ob sie damit sagen wolle, daß es überhaupt keinen Sinn habe, zu versuchen, die Partei von innen zu verändern.

Genau das meine sie, sagte Mäd.

Ob sie damit sagen wolle, fragte ich, daß jeder, der in der Partei mitarbeite, keinen eigenen Willen mehr habe, sondern nur noch ein Werkzeug sei in der Hand der Funktionäre?

Sie staune über mich, sagte sie, eigentlich habe sie schon die Hoffnung fahren lassen, ich könne jemals etwas wirklich begreifen.

Ich gab zu, oft belogen worden zu sein, aber im wesentlichen sei es mir gelungen, mich nicht manipulieren zu lassen.

So, sagte sie, im wesentlichen also.

Ja, sagte ich, im wesentlichen.

Und was war mit Plenzdorf? fragte sie, oder haben Sie schon vergessen, was Sie mir letzte Woche erzählten?

Eines Tages hieß es, Plenzdorf habe die Absicht, in West-Berlin vom Dach des Springer-Hochhauses zu überprüfen, ob die örtlichen Bedingungen seiner neuen Geschichte stimmen. Der Antrag wurde von den zuständigen Behörden selbstverständlich abgelehnt, aber was für eine Geschichte ist es? Kennt sie vielleicht einer? Nein, keiner kennt sie. Dann hieß es plötzlich, er habe sie irgendwo öffentlich gelesen, war einer von euch da? Nein, keiner war da. Nun wurde mit Plenzdorf gesprochen, er möge doch seine Geschichte mal zeigen. Nein, er zeigt sie nicht. Weshalb denn nicht? Sie ist noch nicht fertig. Ob er sie nicht mal im Schriftstellerverband lesen möchte? Nee, geht nicht. Warum nicht? Wir wollen dir doch helfen. Nein, ihm sei nicht zu helfen, er müsse schon selbst mit seinen Schwierigkeiten fertig werden. Dann mit einemmal hieß es, er liest sie in Klagenfurt, verdammt, und keiner kennt sie. Es muß was geschehn, aber was?

Danach hörte ich eine Weile nichts von der Plenzdorfschen Erzählung. Eines Tages, ich kam zu spät zur Sitzung, lag auf meinem Platz das hektographierte Manuskript: Kein runter kein fern, ich solle es gleich lesen, die andern kennen es schon. Ob ich es nicht für einen Tag mit nach Hause nehmen könnte, so in Eile was lesen, das kann ich nicht. Ich müßte es aber in Eile lesen, es sei denn, ich wolle ganz drauf verzichten. Dann hat er es also doch rausgerückt? Nein, nicht direkt. Was heißt nicht direkt, entweder hat er, oder er hat nicht. Er hat nicht. Und wie kommt es, daß wir es jetzt lesen können? Also, er hat sich doch andauernd geweigert, es uns zu zeigen, und deshalb haben wir es uns besorgt, ich weiß selbst nicht wie, jedenfalls ist es jetzt da, und wir wissen nun, was drinsteht, und wir können mit ihm darüber reden, selbstverständlich darf Plenzdorf nicht erfahren, daß wir es kennen.

Alle hielten den Atem an. Ruth Werner war die erste, die sich gefaßt hatte: Das ist doch Quatsch, wenn wir sie nicht kennen dürfen, dann können wir auch nicht mit ihm diskutieren. Ich gab das Manuskript zurück: Wenn ich es nicht kennen darf, lese ich es auch nicht.

Vielleicht haben sie heimlich die Geschichte mitgeschnitten, als er sie in der Kirche oder wer weiß wo öffentlich vorlas. Vielleicht hat der Heilige Geist sie ihnen zugetragen. Oder einer seiner Freunde, dem er sie anvertraute, hat sie ihnen ausgeliefert. Oder sie haben, na, ich weiß nicht, was meinen Sie, Mäd?

Eine Analyse des Zustandes am 23. November 1976 ergab folgendes Bild: Die Befürworter einer radikalen Bestrafung waren in der Minderheit, und sie hatten kaum eine Chance, ihre Position zu verbessern. Die Formel damals lautete: Keinerlei Strafen, lediglich Becker und ich waren davon ausgenommen, Becker, weil seine exemplarische Bestrafung schon seit Jahren vorbereitet wurde, ich, weil ich als Mitglied der Parteileitung nicht mehr tragbar war, was ich einsah und was in meinem Interesse war.

Das kam auch auf der letzten Leitungssitzung, an der ich teilnahm, zum Ausdruck, die den Chef der Berliner SED, Konrad Naumann, zu Gast hatte. Da ich im Verdacht stand, internes Material dem Gegner zuzuspielen, war seine Rede mit Rücksicht auf RIAS und Bundesnachrichtendienst besonders maßvoll:

Erstens müsse die Grundorganisation Stellung nehmen zum Fehlverhalten einiger Genossen, denen müsse man die Möglichkeit geben, ihre Standpunkte zu revidieren oder zu modifizieren.

Zweitens sollte gegen Becker das Parteiverfahren eröffnet werden, vielleicht könne er sich Kommunist in weitestem Sinne nennen, Mitglied der SED jedenfalls nicht. Hermlins Reifegrad sei größer, denn der habe ja gleich gesagt: Er habe einen Fehler begangen, und er sei bereit, die Konsequenzen zu tragen. Von einer solchen Einsicht sei Becker weit entfernt.

Drittens dürfe Karl-Heinz nicht länger in der Parteileitung bleiben, die Grundorganisation müsse ihn wieder herausnehmen, das sei gewiß auch seine Meinung und zweifellos in seinem eigenen Interesse, es war die denkbar maßvollste Formulierung.

Viertens sollte eine Resulution vorbereitet werden: »Die Kommunisten der Grundorganisation erklären sich solidarisch mit den Beschlüssen von Partei und Regierung und kritisieren die Genossen, die sich fehlverhalten haben.« Lächelnd fügte er hinzu, damit sich keiner von ihnen auf den Schlips getreten fühlt, am besten in alphabetischer Reihenfolge.

Mich fragte er, warum ich die Veröffentlichung der gemeinsam mit Braun verfaßten Erklärung verhindert habe. Ich erklärte ihm, es habe sich um ein Arbeitspapier gehandelt und sei von vornherein zur Veröffentlichung nicht bestimmt gewesen, außerdem habe Braun es ohne mein Wissen und Zutun später ergänzt. Er fragte mich noch, ob ich nicht nachträglich noch eine Möglichkeit sehe, eine eigene und gesonderte Stellungnahme zu formulieren, ich sagte nein und er sagte ach so.

Einen Tag später reisten die hohen Gäste ab

Damals dachte ich auch über mein Verhältnis zu Hermlin nach. In meiner Jugend, als ich Eluard, Aragon und Apollinaire noch nicht kannte, stand er als Lyriker für mich in einer Reihe mit Stadler, Else Lasker-Schüler und Georg Heym. Später, als ich mit der französischen Moderne vertraut wurde, ließ meine Vorliebe für ihn nach.

Was hat der Mann denn geleistet, rief Mäd, alle Welt nimmt ihn wichtig und hofiert ihn, und was hat er vorzuweisen? Nichts.

Ich erklärte ihr behutsam die besondere Rolle dieses Mannes in der DDR-Literaturgeschichte. Denn nach 1945 gab es zwei junge Lyriker, die miteinander verfeindet waren und die Gruppen von jungen Leuten um sich scharten, die einander bekämpften. Kurt Barthel, das war der Dichter der Gewalt, der Intoleranz, der Weinerlichkeit und des unfrohen Lebens. Stephan Hermlin dagegen war der Dichter der Liebe, des Vertrauens, der Mannhaftigkeit und der Lebenskraft.

Beide wollten sie dasselbe: als Dichter für den Sozialismus werben. Sie taten es mit entgegengesetzten Mitteln. Der eine düster, geradlinig, mit dem Schatten des Todes über der Schulter, der andere licht, verschnörkelt und im Ruf des kommenden Genies. Zweifellos war Barthel der größere Dichter, aber er war ein unsympathischer, ein zwar ehrlicher, aber ein nicht überzeugender Mann.

Die Leute, die er um sich sammelte, das war die dogmatische Dichterkamarilla des Landes, verschlagene Burschen, ohne Moral, talentiert zwar, aber skrupellos mit der schlichten Landsknechtsphilosophie: Wer? Wen? Die Leute, die sich zum andern hingezogen fühlten, das war die Dichterelite des Landes, empfindsame, esoterisch gestimmte, sehr nachdenkliche Menschen.

Barthel und seine wenigen Anhänger waren immer in der Aggression, immer im Recht der Gewalt, immer siegreich; Hermlin und sein machtloses Grüppchen immer in der Verteidigung, immer auf der Kippe, immer getachtelt, aber auch immer unbesiegt. Aus dieser Zeit stammt meine Sympathie für ihn. Ich hatte mich keiner Gruppe angeschlossen, weil Barthel mir Furcht einflößte, Hermlin aber traute ich nicht über den Weg, denn das, was er damals schrieb, stieß mich ab. »Die rote Jagd«, eine Verherrlichung der DDR-Jagdflieger, »Die Kommandeuse«, eine Denunziation des 17. Juni. Für mich war er der Dichter der »Zweiundzwanzig Balladen«, die heute keiner mehr kennt und die vielleicht wirklich nicht so gut sind, wie ich sie empfand, als ich neunzehn war.

Ich habe heute noch ein zerlesenes Exemplar dieses Büchleins aus dem Jahr 1947, noch heute gehen mir Strophen von damals durch den Sinn, ohne daß ich sie je auswendig gelernt hätte:

Über mein Auge das einst die Nymphen bewohnten / rinnt die gestaltlose Flut von den Uhren der Zeit / Lippen verdorren die gleich Aquädukten belohnten / Tauben mit der Parabel Erhabenheit / Festlich treiben Ertrunkene unter den Brücken / Gruß den Geschwadern...

Kitsch, sagte Mäd.

Nein, sagte ich, Expressionismus.

Verkitschter Expressionismus, sagte Mäd.

Vielleicht habe ich auch bloß schlecht vorgetragen.

Sie haben das sehr, sehr gut vorgetragen, sehr zurückhaltend, sehr beherrscht.

Kontinente, sagte ich, da sich scharfschnäblige Vögel täglich bekriegen / und gleich Brandern flammender Menschen Geheul treibt die Flüsse hinab / dort wo auf zärtlichen blauen Kinderkadavern schwärmende Fliegen / feiern – Epheben im Fest ihrer Locken erblindet schaufeln ihr Grab. Nein, ich habe mich geirrt, sein Stalin-Gedicht fängt anders an: Bei den Hirten der Nacht und dem einsamsten Volk der Sirenen... 1966 wurde er von Ulbricht zweimal hintereinander ans Podium zitiert mit den Worten: Deine Selbstkritik, Genosse Hermlin, halten wir nicht für ausreichend.

So hören Sie doch endlich auf, zum Donnerwetter, sagte Mäd, was gibt's denn da noch zu verteidigen, der Mann ist ein Agent provocateur.

Nein, sagte ich, ich bitte Sie, Mäd, nein.

Auch heute, so viele Jahre nach den Ereignissen von 1977, bin ich unschlüssig. Tatsache ist, daß die Petition vom 17. November 1976 Hunderte von Dichtern, Künstlern und Intellektuellen ins Exil, ins Gefängnis, ins Elend gebracht hat. Es war ein Glück ohnegleichen für die SED, als sich plötzlich Hunderte ungeduldiger Menschen zu erkennen gaben, indem sie sich mit den zwölf Erstunterzeichnern solidarisierten. Wir alle sahen Hermlin und die Personen, die zu ihm in die Wohnung gekommen waren, in Gefahr und stellten uns vor sie. Wenn nicht jetzt, dann nie.

Der Staatssicherheitsdienst hatte es noch nie so leicht gehabt. Er brauchte nur die Leute einzusammeln, die sich im Vertrauen auf die Lauterkeit der Erstunterzeichner und auf deren Verantwortungsbewußtsein vor Hermlin stellten. Sie gingen alle ins Elend, es sei denn, sie widerriefen, wie Hermlin es später tat. Sie gingen ins Elend, und er erhielt den Vaterländischen Verdienstorden in Gold.

Vier Jahre später, im traurigen November 1981, als sich die eigenartige Kunde von einem privaten Friedenskongreß herumsprach, den Hermlin in Ost-Berlin veranstalten wolle, rief Sarah Kirsch an.

Ob ich schon gehört habe.

Ja, habe gehört.

Was ist los mit dem Mann? sagte sie, wozu tut er das? Hat er noch nicht genug Menschen ins Unglück gestürzt?

Wir waren uns einig: Wieder werden sich viele unschuldige Menschen zu erkennen geben, wieder wird eine Solidaritätswelle ansteigen, wieder wird der Staatssicherheitsdienst Menschen einsammeln, diesmal gedeckt von der internationalen Öffentlichkeit.

Dichter aus vielen Ländern werden anreisen, die Friedensfreunde in der DDR werden sich ermutigt fühlen, sie werden aufstehen und sagen: Hier bin ich, ich bin für den Frieden. Aber einen Tag später werden die hohen Gäste abreisen.

Ob man das heraufziehende Unheil nicht abwenden könne, fragte sie.

Nein, sagte ich, könne man nicht.

Wie kommt es nur, sagte sie, daß ihm wieder alle vertrauen?

Das sei nun mal so, sagte ich, auch wir haben ihm vertraut.

Anfang Dezember 1976 sollte das Parteiverfahren gegen Kunert, Christa und Gerhard Wolf, Hermlin, Bekker, Braun, Sarah Kirsch, Gilsenbach und mich eröffnet werden. Ich sagte, daß ich nicht erscheinen würde, da alles bereits gesagt sei.

Christa Wolf und Kunert waren krank, erklärten jedoch, sie würden kommen. Sie wurden aber weggeschickt: Gegen Kranke verhandeln wir nicht. In diesem Augenblick war klar, daß die Verfahren gegen Christa Wolf, Kunert und mich von der Hauptverhandlung abgetrennt werden sollten.

Gilsenbach hatte erklärt, er habe sich der Petition aus verfassungsmäßigen und formalrechtlichen Gründen angeschlossen. Diese Gründe bestünden weiter. Er sei aber bereit, aus Parteidisziplin seine Bedenken nur noch vor der Parteigruppe zu diskutieren. Die Übergabe der Petition an ausländische Medien könne er nicht billigen.

Volker Braun hatte im ND seine Stellungnahme veröffentlicht. Beide waren aus dem Gröbsten raus, bekamen eine Rüge. Hermlin strenge Rüge, Sarah Kirsch wurde aus den Listen der Partei gestrichen, ausgeschlossen wurden Becker und Gerhard Wolf.

Am 15. Dezember wurden die Verfahren gegen Christa Wolf, gegen mich, Kunert und Kurt Stern eröffnet, und zwar in dieser Reihenfolge. Gegen Kurt Stern, weil er erklärt hatte, die Petition würde auch seine Unterschrift tragen, wäre er zur Zeit, als sie umlief, im Lande gewesen. Für jeden war eine Stunde vorgesehen. Christa Wolf wurde zunächst gefragt, ob sie nach wie vor zu ihrem Brief stehe, den ihr Mann vorgelesen hatte, und sie sagte ja. Dann wurde sie gefragt, ob sie auch heute noch der Meinung sei, es sei richtig gewesen, die Petition zum imperialistischen Nachrichtendienst zu tragen, und sie antwortete, damals ging es um die Veröffentlichung eines wichtigen Dokuments, es war vorauszusehen, daß die Medien in der DDR es nicht publizieren würden, aus diesem Grunde sei sie auch heute der Meinung: keine Chance hätte ausgelassen werden dürfen, das Papier an die Öffentlichkeit zu bringen.

Es wurde ihr gesagt, man scheue sich, sie auszuschließen, immerhin sei sie in der Partei seit siebenundzwanzig Jahren, war im Zentralkomitee, ist Mitglied der Akademie der Künste, und sie vertrete die DDR-Literatur international, sie sagte dazu, sie werde kein anderes Strafmaß annehmen als das, mit dem ihr Mann nun leben müsse. Sie halte jede Bestrafung der Petenten für parteischädigend, wenn aber Strafen verhängt würden, wolle sie dieselbe Strafe haben wie ihr Mann.

Im übrigen halte sie das Gespräch nun für beendet. Sie könne und werde von ihrem Standpunkt nicht abrücken. Ihr könnt noch zwei Tage mit mir darüber diskutieren, sagte sie. Vielleicht sei sie dann mürbe und unterschreibe.

Dann werde sie den Raum als gebrochener Mensch verlassen, anderen Sinnes jedenfalls nicht.

Sie könne nicht länger schreiben, wenn sie in der Partei bliebe. Die Mitgliedschaft sei ihr inzwischen zur Gewissenslast geworden. Darauf wurde die Protokollantin entlassen, und der Parteisekretär sagte: Jetzt ohne Protokoll und unter uns: Wir wollen dich nicht aus der Partei werfen, deshalb bitten wir dich, von selbst auszutreten, und sie sagte, das werde sie sich überlegen.

Über diesen Vorschlag haben wir hinterher lange gesprochen. Ich sagte, besser wäre es, abzuwarten, wie das Verfahren ausgehe. Hinterher könne sie ihnen das Parteidokument immer noch hinschmeißen. An jenem Abend war es auch ihre Meinung.

Am 7. Januar 1977 sprachen wir noch einmal darüber. Wir standen im dunklen Zimmer und sahen durch die Gardine auf die Straße und den Parkplatz. In dem Auto, dem roten da, säße ihr persönlicher Beobachter. Die Stasi habe diese Parkstelle mit immer ständig wechselnden Posten besetzt. Es gebe noch andere Beobachter. Da hinten der grünliche Wagen sei auch von der »Firma«. Ich konnte aber keine Einzelheiten erkennen.

Kant habe sie besucht, sagte sie, wenn er für ihren Ausschluß stimmen müßte, käme er in einen schweren Gewissenskonflikt. Ich sagte, die Gewissenskonflikte Kants sollten uns eigentlich weniger interessieren. Sie habe Mitleid mit ihm, sagte sie, jetzt, da seine Frau ihm durchgebrannt sei, habe er manchmal etwas Menschliches an sich. Es sehe aus, als nehme er Anteil am Leid anderer. Jedenfalls habe er ihr angeboten, sie herauszuhauen. Sie brauche nur zu erklären, daß sie um Verständnis bitte. Damals am 17. November 1976 habe sie nur die Petition gesehen und die Notwendigkeit, sie auf jede beliebige Weise bekanntzumachen. Es sei eine Ausnahmesituation gewesen, die so rasch nicht wiederkehre. Mit einer solchen Erklärung könne er erreichen, daß sie nur eine strenge Rüge bekomme.

Sie fragte ihn, was mit ihrem Mann in einem solchen Fall geschehe, und er sagte, er werde alles daransetzen, damit der Ausschluß umgewandelt wird in eine strenge Rüge. Was mit den andern Petenten geschehe, fragte sie. Das hänge von jedem einzelnen ab. Mit Jakobs zum Beispiel, fragte sie. Hängt nur von ihm ab. Leider stellt er sich bockbeinig. Ob er denn glaube, daß die Grundorganisation bei einem solchen Kuhhandel mitmache, fragte sie. Es käme auf den Kontext an, sagte Kant, und den liefere er.

Sie fragte mich, was ich davon halte, und ich sagte, daß ich es keinem verübele, wenn er sich zu retten versuche. Sie beruhigte mich und sagte, Kunert und Sarah Kirsch habe sie auch schon befragt, die hätten ihr geraten, auf den Kuhhandel nicht einzugehen. Zu der Stunde hatte ich den Eindruck, sie würde sich nicht auf Kants Vorschlag einlassen. Etwas später kam Gerhard Wolf aus Halle zurück.

Der Mitteldeutsche Verlag hatte seinen Vertrag verlängert. Ich fragte ihn nach seiner Meinung zum Angebot von Kant, und er sagte, es wäre taktisch jetzt richtig, darauf einzugehen. Ich hielt ihm vor, daß doch dann die vielen Leute in Gefahr kämen, die sich im Vertrauen auf Christas guten Namen, auf ihre Lauterkeit und ihr Verantwortungsbewußtsein der Petition angeschlossen hätten. Er bestritt das und sagte, das

Gegenteil sei der Fall, nur wenn aufgrund so einer Erklärung Beruhigung eintrete, könne auch was für die Trittbrettfahrer getan werden.

Warum auch wir nicht länger warten können

Deprimiert fuhr ich nach Falkensee zurück. So war es also, nicht aus Solidarität zu den Gefährdeten hatten wir die Existenz unserer Familien aufs Spiel gesetzt, sondern aus Eigennutz, indem wir uns aufs Trittbrett eines schon rollenden Zuges schwangen, um so, ohne zu zahlen, geschützt von der zwölfköpfigen Avantgarde, ein Stück mitgenommen zu werden. Kurz vor der Autobahn übersah ich eine Vorfahrt, und nur, weil der Fahrer des andern Wagens geistesgegenwärtig genug war, auf den Mittelstreifen zu lenken, wurde ein Unfall verhütet. Der Mann sprang heraus und beschimpfte mich auf eine Weise, die mir das Blut ins Gesicht trieb. Ich beherrschte mich aber, ja, er habe in allem recht, und drückte ihm einen Hundertmarkschein in die Hand.

Es war eine Zeit, in der ich mich schuldig und verkommen fühlte. Hätte ich mich der Petition nicht angeschlossen, so wäre ich noch viel unglücklicher. Der Gedanke tröstete mich.

Auch ich wurde gefragt, ob ich nach wie vor zu den Worten meiner Rede am 26. November stehe, und ich sagte ja. Dann wurde ich gefragt, ob die Petenten meiner Meinung nach richtig gehandelt hätten, als sie ihr Papier dem imperialistischen Nachrichtenbüro zuspielten, und ich sagte, die Frage würde ich nicht beantworten. Warum nicht?

Die Fragestellung sei falsch, denn sie schiebe ein Randproblem in den Mittelpunkt. Die Petition sei Ausdruck einer verfehlten Kulturpolitik in den letzten Jahren, Ausdruck der Enttäuschung über eine halbherzige Demokratisierung. Es gebe nur Demokratie in vollem Umfang. Ein bißchen Demokratie sei keine.

Die Petition sollte zum Anlaß genommen werden, über sich selbst nachzudenken und nicht die Verursacher zu bestrafen. Ich erinnerte an den Buchtitel von Martin Luther King »Warum wir nicht länger warten können«. Warum nun auch die Petenten nicht länger warten konnten, sei doch das Hauptproblem in der Sache. Die Aussprache darüber müsse jetzt geführt werden.

Darüber wurde lange diskutiert. Man baute mir alle nur möglichen Brücken. Ich hatte es in der Hand, mir die Höhe der Strafe selbst auszusuchen. Das großzügigste Angebot war, als einer sagte: aus meiner Erklärung gehe hervor, daß ich den Weg der Petition zur Französischen Nachrichtenagentur mißbillige, jedenfalls könne er meine Rede ohne Schwierigkeiten so interpretieren, nur Trotz und falsch verstandene Solidarität zu den Petenten hielten mich noch ab, meine Meinung zu sagen. Wenn ich jetzt erkläre, daß ich nichts gegen eine solche Interpretation einzuwenden hätte, wäre unsere Aussprache beendet, und zwar mit positivem Ergebnis.

Ich sagte, über Randprobleme zu diskutieren sei jetzt nicht der Ort und die Zeit. Fliege ich aus der Partei, so sehe ich das neuerdings nicht mehr als Strafe an.

Auch Kunert wurde gefragt, ob er zu den Worten seiner Rede am 26. November stehe? Ob es richtig gewesen sei, die Petition dem imperialistischen Nachrichtendienst zuzuspielen. Auch er hatte es in der Hand, die Höhe seiner Strafe selbst zu bestimmen, auch er verzichtete darauf. Auch er beantwortete die erste Frage mit Ja. Zur zweiten Frage sagte er: wenn er in einer Kolonne marschiere, und sein Hintermann trete ihn in die Hacken, dann werde er laut Aua schreien, und zwar so laut, daß auch alle es hören können. Ja, aber, sagte einer, machst du mit deinem Aufschrei nicht auch den Feind auf die marschierende Kolonne aufmerksam?

Kurt Stern hatte auf die zweite Frage geantwortet: Diese Frage sei nur möglich in einem von der übrigen Welt abgeschlossenen Land. In den westlichen Ländern hätten die Kommunisten eine breite Skala von Möglichkeiten, sich zu orientieren, miteinander zu diskutieren, um verhängnisvolle Fehler zu vermeiden. Es zeuge doch von beklemmenden gesellschaftlichen Verhältnissen, wenn Leute ständig in Gewissenskonflikten leben und sich in ihrem Zweifel dann nicht anders zu helfen wissen, als eine beliebige Öffentlichkeit zu benutzen, weil die eigene Öffentlichkeit zur Meinungsbildung nicht zur Verfügung steht.

Mit den Parteiverfahren am 20. Januar 1977 gegen mich, Kunert und Christa Wolf, und zwar in dieser Reihenfolge, ging eine Epoche in der Kulturpolitik der DDR zu Ende, die wir mitbestimmt hatten, begann eine neue Epoche, an der wir nicht mehr beteiligt sein würden. In diesem minuziösen Bericht über einen historischen Vorgang sollte nur addiert und subtrahiert werden. Lehren wollte ich nicht ziehen. Vielleicht ergänzt er das Material des Historikers.

Arbeiterklasse, Sowjetunion, Frieden

Einer der höchsten Parteiführer in Berlin hielt am 20. Januar 1977 das einführende Referat. Die imperialistischen Mächte, so erläuterte er, hätten die Absicht, in Belgrad mit den sozialistischen Ländern abzurechnen. Es sollen dort Verletzungen der Menschenrechte in den sozialistischen Ländern nachgewiesen werden. Aber woher nehmen und nicht stehlen? Deshalb unterstützten sie seit einiger Zeit mit Geld und einer beispiellosen Pressekampagne die Dissidenten in Polen, der Sowjetunion, der Tschechoslowakei und der DDR.

Eine besondere Rolle dabei habe die ständige Vertretung der Bundesrepublik Deutschland in der Deutschen Demokratischen Republik übernommen. Obwohl ihr die rechtliche Grundlage fehle, erteile sie Bürgern der DDR Ratschläge, was sie tun müßten, wenn sie das Land verlassen wollten. Um die rechtlichen Zustände wiederherzustellen, seien jetzt gutgekleidete Doppelposten der Volkspolizei mit guten Manieren aufgezogen.

Er könne berichten, daß auf dem 4. Plenum des ZK mit Befriedigung die Resolution der Berliner Schriftsteller aufgenommen worden sei. Daß sich nur vier Schriftsteller der Stimme enthalten und nur sechs dagegen gestimmt hatten, zeuge von der großen politischen Reife des Verbandes. Auch aus anderen Gebieten habe er nur Gutes zu berichten. So stünden beispielsweise die Vorräte der Berliner Industrie heute in einem so günstigen Verhältnis zum Bedarf, daß selbst eine massive Störung unserer Volkswirtschaft von außen und schwere Lieferungsausfälle die Planerfüllung nicht gefährden könnten. Zwar gebe es einige wenige Berliner Betriebe, die nicht rentabel arbeiteten, aber die Zuschüsse für sie betrügen nur dreizehn Millionen Mark, und das sei weniger, als wir im Bereich Berlin für die Armee ausgeben.

Der Bericht über den Stand der Wirtschaft in einer Situation, als sie landesweit am Zusammenbrechen war, wurde von den Gläubigen geschluckt wie eine Droge. Daß ihnen eine Zahl über die Kosten der Armee mitgeteilt worden war, machte sie zu Eingeweihten in ein Staatsgeheimnis. Leider war es geschehn angesichts von Leuten, die in Kürze als Gegner entlarvt werden würden. Vielleicht wird nun die eben arglos mitgeteilte Zahl eilfertig jenen Diensten hintertragen, die schon mal mit Informationen versorgt worden waren.

Ich hatte mich in die letzte Reihe gesetzt, um beobachten zu können, hielt Notizbuch und Bleistift parat und notierte die Stichworte. Meine Hand zitterte so stark, daß ich hinterher lange Zeit brauchte, um die Zacken und Zeichen zu entziffern. Kurz bevor wir uns in den Saal begaben, fragte Christa Wolf, ob wir uns zu Wort melden würden, ich sagte nein, Kunert sagte: so weit kommt's. Ich auch nicht, sagte sie.

Nach dem einleitenden Referat teilte der Sekretär mit, daß Bastian den Antrag gestellt habe, Mitglied der Partei zu werden. Ungeschriebenen Gesetzen zufolge darf der Selbstsäuberungsprozeß keine Lücke hinterlassen. Deshalb ist es üblich, noch bevor jemand ausgeschlossen wird, die Partei durch neue Mitglieder zu stärken. Dem Sekretär schien es peinlich zu sein, ausgerechnet diesen Bewerber empfehlen zu müssen.

Eigentlich habe er gehofft, man würde ihn bitten, Mitglied der Partei zu werden, sagte der Bewerber auf die Frage, warum er ausgerechnet zu diesem Zeitpunkt den Antrag stelle, das sei all die vielen Jahre nicht geschehen. Jetzt gebe er seine Bescheidenheit endgültig auf. Man habe versucht, in seinem Haus die Fenster einzuschlagen, denn sein Haus, das sei die Deutsche Demokratische Republik, und der Stein, mit dem man auf sie schmeiße, das sei Biermann.

Er sei auch mit mancherlei nicht einverstanden, mit der Literaturkritik beispielsweise nicht, die gar nicht imstande sei, sein Werk einzuschätzen, da es so ganz außerhalb jeder Norm liege, andere, die viel schlechter schrieben als er, würden andauernd in den Himmel gehoben. Die Kritik trete für eine Literatur ein, die nur wenigen verständlich sei. Ihm aber ginge es darum, daß die Menschen ihn verstehen sollten, aus deren Mitte er herausgewachsen sei.

Er benutzte auch die Wörter Arbeiterklasse, Sowjetunion, Frieden, und als er im letzten Satz das Wort »Kampf« aussprach, hob er beide Fäuste, schüttelte sie in der Luft und trommelte schließlich mit ihnen aufs Pult. Danach blieb er noch einige Sekunden mit gesenktem Kopf wie benommen stehen.

Über diesen neuen Mann in der Partei freute ich mich sehr. Der Parteisekretär schien nicht so erfreut zu sein. Ohne darauf zu warten, daß der Bewerber das Pult verlasse, sagte er rasch, er eröffne nunmehr das Parteiverfahren gegen Karl-Heinz Jakobs, Günter Kunert und Christa Wolf, da sie die Regeln der innerparteilichen Demokratie verletzt und gegen das Statut verstoßen hätten.

Jakobs und Kunert hätten ihre bekannten Ausführungen bei Gesprächen mit der Parteileitung bestätigt, Christa Wolf hingegen habe den von ihrem Mann vorgetragenen Diskussionsbeitrag inzwischen modifiziert. Er beantrage, den Genossen Jakobs wegen Verstoßes gegen das Statut auszuschließen und wegen nicht klassenmäßigen Verhaltens. Er habe sich der Petition zu einem Zeitpunkt angeschlossen, als der Klassengegner sie bereits gegen die DDR mißbrauchte.

Tief ins Parteibewußtsein gedrungen

Ohne die Diskussion abzuwarten, bat er um das Handzeichen, wer für den Ausschluß sei. Als er nach den Gegenstimmen fragte und sich Hände hoben, sagte er, damit es hinterher nicht heiße, hier sei manipuliert worden, werden die Gegenstimmen namentlich festgehalten, wir fangen vorne links an, er wandte sich an die Frau, die neben ihm saß, bitte schreib das auf, Genossin, als ersten Volker Braun, dann kommt Kurt Stern, dann das hier ist Charlotte Wasser...

So ging er Reihe für Reihe durch. Mehr und mehr Hände gingen runter, am Ende waren dreizehn übriggeblieben, die sich nicht hatten einschüchtern lassen. Damit, so sagte er, sei ich ausgeschlossen worden. Ich erhob mich, um den Saal zu verlassen. Nein, sagte er, ich könne bleiben bis zum Ende der Versammlung. Später erfuhr ich, daß die Türen abgeschlossen waren.

Er beantragte, Günter Kunert wegen groben Verstoßes gegen die Parteidisziplin aus den Listen der Partei zu streichen, was bedeutet, es sei ein Irrtum gewesen, ihn vor dreißig Jahren aufzunehmen. Der Fehler werde jetzt korrigiert, indem man den Namen des Mannes aus den Listen streiche, als sei er nie Mitglied gewesen. Er bat um das Handzeichen, wer für den Antrag sei.

Schon hoben sich Hände, da meldete sich Charlotte Wasser zu Wort. Sie sei nicht dran, sagte der Sekretär. Sie ließ sich aber nicht hindern.

Dreißig Jahre sei sie jetzt in der Partei. Die Partei sei ihre Heimat und ihr alles. Würde man sie aus der Partei ausschließen, so wäre sie heimatlos. Ihre drei Freunde, um die es heute hier gehe, könne und werde sie nicht von jetzt an als ihre Feinde betrachten. Ihr ganzes Leben sei verbunden mit dem Werk dieser Menschen, und sie werde nicht aufhören, sie und ihre Bücher zu lieben. Sie sei beschämt, in welcher Eile man mich hinausgeworfen habe, und jetzt Günter...

Neun Mitglieder stimmten gegen Kunerts Ausschluß, vier enthielten sich der Stimme, unter ihnen

Christa Wolf und Kurt Stern. Ich habe sie später gefragt, wozu diese Differenzierung? Ja, sie seien der Meinung, daß Kunert sowieso nicht mehr Mitglied sein wollte, und sie respektierten seinen Willen. Kunert: Als ob Gefahr bestanden hätte, daß sie mich nicht hinausschmeißen.

Es wurde beantragt, Christa Wolf eine strenge Rüge zu erteilen. Sie sei zwar Erstunterzeichner der Petition, es sei aber zu berücksichtigen, daß sie als einzige angeregt habe, zuerst ein Gespräch mit dem Generalsekretär zu suchen. Auch habe sie Bedenken geäußert, sich bei der Veröffentlichung der Petition imperialistischer Medien zu bedienen.

Christa Wolf sagte dazu, eigentlich habe sie nicht sprechen wollen, denn diesen Antrag habe sie nicht erwartet, nun aber fühle sie sich dazu verpflichtet. Das vorige, erste Parteiverfahren sei überstürzt durchgeführt worden. Wenn die Ausschlüsse nicht rückgängig gemacht werden, befinde sie sich in einer schwierigen Lage, denn sie habe nichts anderes getan als ihr Mann. Unter den damaligen Bedingungen war das, was sie in Hermlins Wohnung und später billigte, die einzige damals vorstellbare Möglichkeit, auf etwas zu reagieren, das sie als Unrecht erkannt hatte, dieser Vorgang aber sei nicht beliebig wiederholbar.

Nun aber mache er darauf aufmerksam, rief Kant, wie anders es in diesem Verfahren sei, denn gewöhnlich versuchten sich die Beschuldigten reinzuwaschen, hier aber beschuldige sich die Beschuldigte selbst. Deshalb müsse er einspringen und die Genossin Christa Wolf gegen sie selbst in Schutz nehmen. Es bestehe nämlich tatsächlich ein gewaltiger Unterschied zwischen ihr und den andern.

Die Genossen, die mit ihr gesprochen hatten, um sie umzustimmen, hätten übereinstimmend gesagt, die Gespräche mit Christa Wolf seien tief in ihr Parteibewußtsein gedrungen. Er bitte sie nun, sich von der Partei vor ihr selbst in Schutz nehmen zu lassen. Übrigens sei ihm berichtet worden, daß Gerhard Wolf sich erkundigt habe, wo er Revision gegen den Ausschluß beantragen könne. Ihr Mann brauche nur den Antrag zu stellen, er, Kant, sei überzeugt, daß man ein so ernstes Anliegen wohlwollend prüfen werde.

Auf der Stelle kehrt

Da hatte man sich also schon erkundigt. Da brauchte also einer nur noch zu beantragen. Da war also was in ein Bewußtsein gedrungen. Da nahm man also einen in Schutz vor sich selber. Da war also alles schon gelaufen. Und ich saß noch da und dachte: standhaft bleiben, sich nicht zerteilen lassen. Ich gab mir Mühe, mir nicht anmerken zu lassen, wie sehr ich verletzt worden war.

Ich überlegte, wann ich wohl falsch gehandelt hatte, und mußte mir sagen, es war alles richtig so. Es war richtig gewesen, meinen eigenen Brief an die Behörde abzuschicken, und es war richtig gewesen, mich der Petition anzuschließen, obwohl sie mir von Anfang an verdächtig gewesen war. Mit Hilfe der Petition hatte die Partei die wertvollsten Aufschlüsse über die Stimmung unter den Intellektuellen erhalten. Bisher Zaudernde hatten sich zu erkennen gegeben, im verborgenen Schaffende waren hervorgetreten, Zweifelnde hatten die Seite gewechselt, die Wankelmütigen hatte die Partei fester in der Hand denn je. Es war sogar richtig gewesen, mich der Petition anzuschließen, obwohl Hermlin der Urheber gewesen war.

Vor nicht langer Zeit hatte er beantragt, den Film »Das gelobte Land« von Wajda wegen antisemitischer Einstellung verbieten zu lassen. Nachdem bereits Politbüro, ZK und Ministerium für Kultur sein Ansinnen zurückgewiesen hatten, sollte eine Sondersitzung der erweiterten Parteileitung im Schriftstellerverband die theoretischen Grundlagen dafür liefern, doch fand sich auch hier keiner bereit, ihn zu unterstützen. Da hatte er es so hingestellt, als wäre jeder, der an dem Film nichts Antisemitisches entdecken könne, selbst Antisemit.

Es war richtig gewesen, mich mit den Petenten zu solidarisieren, und es war richtig gewesen, den Freundschaftsbeteuerungen nicht zu trauen. Es war richtig gewesen, der Untersuchungskommission nicht zu sagen, was ich davon hielte, daß die Petition westlichen Medien zugespielt worden war, und es war richtig gewesen, alle Versuche abzuweisen, mich als reuigen Sünder zu behandeln. Nun lernte ich das System von der andern Seite kennen. Indem ich es von der andern Seite kennenlernte, befand ich mich auch schon dort.

Drei Jahre später wurden vier junge Dichter verhaftet. Als ich einige an der Petition 1976 Beteiligte aufsuchte, um sie zu einer gemeinschaftlichen Aktion zu überreden, wurde ich abgewiesen: Wer bei Rot über den Fahrdamm geht, muß damit rechnen, bestraft zu werden.

Eins fügte sich ins andere, ganz im Sinne derjenigen, die aus der Petition den größten Vorteil zogen. So war auch der zweite Versuch fehlgeschlagen, in der DDR demokratische Zustände einzuführen.

Am Vormittag des 17. Juni 1953 wurde im VEB Wohnungsbau Berlin um zehn Uhr auf Weisung der Betriebsleitung die Arbeit offiziell beendet, die parteilosen Mitarbeiter wurden aufgefordert, unverzüglich nach Hause zu gehen. Die Mitglieder der SED versammelten sich auf dem Werkshof. Ein Teil von ihnen wurde beauftragt, die Parteiabzeichen abzulegen und sich unter die Bauarbeiter zu mischen, die zu dem Zeitpunkt begannen, sich in der Stalinallee zu versammeln. Der andere Teil erhielt die Aufgabe, das Werksgelände abzuriegeln, sich in den Anlagen zu verschanzen, um zu verhindern, daß Maschinen und Aggregate zerstört wurden. Ich, 24 Jahre alt damals, parteilos, ging nicht nach Hause, sondern zum Potsdamer Platz, wo schon die Grenze nach West-Berlin von Polizisten abgesperrt worden war. Als ich Unter den Linden ankam, war schon Mittag, und der sowjetische Kommandant hatte über Ost-Berlin das Kriegsrecht verhängt. In der Friedrichstraße brannten schon die ersten Kioske und Autos, und als Panzer kamen, rannte ich wie alle um mein Leben.

Es war eine eigenartige Begegnung von Panzern und Zivilisten. Die Panzer drehten ihre Geschütztürme auf einzelne Leute, aber sie schossen nicht, sie nahmen sich einzelne Leute aufs Korn und jagten sie vor sich her. Mir gelang es im letzten Moment, auf ein Fenstersims im Hochparterre zu springen, während der Panzer die Hausfront so dicht entlangfuhr, daß die Ketten die Steine schrammten.

Nicht weit entfernt wurde eine Zivilperson schwer verletzt. Bevor die nächsten Panzer kamen, sprang ich vom Sims. Ich hatte aber die Entfernung zu ihnen falsch eingeschätzt, auch ihre Geschwindigkeit, so daß ich mich plötzlich direkt vor den Ketten des einen befand. Ich versuchte, Haken zu schlagen, und war sehr überrascht, zu sehen, wie er mir folgte. Er war sogar imstande, auf der Stelle kehrtzumachen.

Abends um elf wurde ich freigelassen

Als ich sah, wie eine Tür aufgebrochen wurde und einige Zivilisten sich in den Flur flüchteten, folgte ich ihnen. Da hörte ich auch Schüsse. Wir rannten die Treppen hoch bis zur Bodentür, denn nun dachten wir, die Soldaten würden ihre Fahrzeuge verlassen und uns suchen, so deutlich hatten sie es auf uns abgesehen. Erst als sich lange Zeit nichts im Treppenhaus bewegte, trauten wir uns wieder auf die Straße. Die Panzer hatten sich am Brandenburger Tor aufgestellt, und es sah aus, als sperrten sie die Straße nach beiden Seiten ab.

Ich war an diesem Tag noch bis abends unterwegs. Damals wohnte ich in der Schwedter Straße direkt an der Sektorengrenze. Ecke Bernauer Straße hatten sich viele Menschen versammelt, die damit beschäftigt waren, ein Plakat mit dem Bildnis Wilhelm Piecks aufzuhängen. Sie taten es so, als würden sie den Staatspräsidenten mit dem Strick um den Hals am Galgen hochziehen. Ich stand hinten und sagte halblaut zu einem Mann neben mir: Was soll dieser Blödsinn? Der Mann riß plötzlich furchterregend die Augen auf und schrie: Hier ist einer von ihnen. Ehe ich begriff, worum es ging, war ich plötzlich der Mittelpunkt.

Ich wurde zu Boden gerissen, und mich rettete nur der Umstand, daß die Leute in der Eile nicht wußten, was sie mit mir machen sollten. Die einen wollten mich aufhängen, die andern tottrampeln, und die dritten wollten mich nach West-Berlin schleifen. An den Füßen wurde ich über die Straße gezerrt. Zu meinem weiteren Glück stand auf der West-Berliner Seite ein Streifenwagen.

Die Polizisten machten ihre Knüppel los und jagten die Leute davon, die mich hergeschleift hatten. Hinterher auf dem Revier fragte mich ein Polizist, was die von mir gewollt hatten. Ich erzählte es ihm und sagte: Immerhin ist es der Staatspräsident. Der Polizist haute mir eine runter und sagte: Der Staatspräsident, soso. Am liebsten würde ich dich wieder den Leuten dort übergeben.

Abends um elf wurde ich freigelassen. So hatte ich den 17. Juni 1953 erlebt, von beiden Seiten aus gesehen, und ich kann nicht sagen, daß ich mich damals mehr zur einen als zur andern Seite hingezogen gefühlt hätte. Am Ende war es egal, von wem einer totgeschlagen wird, die einen waren so schlimm wie die andern. Man konnte nur zu Hause bleiben oder sich selbst einem Mordkommando anschließen.

Der 17. Juni 1953 ist die eigentliche Geburtsstunde der DDR. Die SED lernte zum erstenmal das Fürchten, und das hat sie bis heute nicht vergessen. Sie lernte damals den Umgang mit der Macht und hat ihn bis heute nicht verlernt. Ich erinnere mich noch an die Stimmung im Lande: Niedergeschlagenheit, Verwirrung, Ohnmacht auch, aber viel mehr Verständnislosigkeit.

Wie war es zu verstehen, daß in Halle die Kommandeuse des Konzentrationslagers Ravensbrück aus dem Gefängnis befreit wurde und auf dem Marktplatz Reden hielt, die darauf abzielten, das System zu stürzen? Das System ändern, es umwandeln, stürzen gar wollten viele, denn die Politik der SED war dem größten Teil der Bevölkerung zur Last geworden. Die SS aber an der Spitze des Aufstandes wollte keiner.

Die Verwirrung in der SED-Führung damals hatte etwas Mitleiderregendes. Offen wurde in den Zeitungen von den schweren Fehlern gesprochen, die auf so gut wie allen Gebieten des Lebens gemacht worden waren. Die SED war mutlos und verzweifelt. Mehr als einen Monat später noch forderte Ministerpräsident Grotewohl seine Genossen auf, Schluß zu machen mit der Kopfhängerei, so gründlich saß der SED der Schock in den Gliedern.

Der 17. Juni 1953 ist die eigentliche Geburtsstunde der SED, denn Kopfhängerei, Einsicht in die eigene Unvollkommenheit, Eingeständnis eigener Fehler hat sie seitdem nicht mehr zugelassen.

Am deutlichsten erkennbar ist ihre Wandlung daran, wie sie den 17. Juni einschätzt. Zuallererst hieß es: Durch fehlerhafte Politik der Regierung hätten sich Bauarbeiter in berechtigtem Zorn nicht anders zu helfen gewußt, als zu demonstrieren, um ihre Rechte durchzusetzen. Der Demonstrationszug in Berlin sei spontan in der Stalinallee entstanden, sei über den Alexanderplatz marschiert bis zum Haus der Ministerien in der Leipziger Straße. Bis dahin sei die Demonstration rechtmäßig gewesen, hieß es. Erst dann hätten von West-Berlin aus eingeschleuste faschistische Elemente das Ruder herumgerissen und den friedlichen Aufmarsch umfunktioniert zu einer faschistischen Erhebung.

Kurze Zeit danach hieß es, friedlich und rechtmäßig sei die Demonstration gewesen, bis sie den Alexanderplatz erreicht hatte. Dann wurde der friedliche und rechtmäßige Charakter der Bauarbeiterdemonstration nur bis zum Straußberger Platz anerkannt. Heute heißt es: Es gab keine Bauarbeiterdemonstration. Es gab nur von West-Berlin aus verhetzte und mißbrauchte Leute, die ohne eigentlichen Anlaß auf die Straße gingen.

Am 17. Juni 1953 haben sich nicht nur Schicksale entschieden wie das von Havemann, wie das von Heym, die beide damals noch die Politik der DDR-Regierung leidenschaftlich verteidigten, Heym beispielsweise mit dem Buch »Reise ins Herz der deutschen Arbeiterklasse«. Nicht nur Schicksale hatten sich nun entschieden, sondern auch das Schicksal Deutschlands.

Vom 17. Juni 1953 an war die Spaltung Deutschlands nicht mehr aufzuhalten. Bis dahin war noch die Rede von »Deutsche an einen Tisch«. Bis dahin ging es noch um Wahlen in ganz Deutschland und einen Friedensvertrag. Am 17. Juni 1953 lernte die SED die eigene Angst zu verleugnen, und sie erhob sich in Sorge um die eigene Existenz, aus Angst vor der Feindseligkeit der Bevölkerung und in der Gewißheit, daß in dieser Lage nur noch Waffen helfen, zu einer Junta im Vertrauen auf die eigene Entschlossenheit.

Gehen Sie nicht auf diesen Kongreß

Lieber Karl-Heinz, schrieb eines Tages Mäd, lange habe ich diesen Brief überdacht, ich fürchte zu lange. Vielleicht hat sich die Angelegenheit bereits erledigt. Vielleicht hat der Prozeß gegen Fuchs, Pannach und Christian Kunert schon stattgefunden. Ich entnehme die Namen Ihrem Brief, vorher kannte ich sie nicht. Oder aber Sie haben die Absage erhalten. Wahrscheinlich antwortet man Ihnen gar nicht. An dem Prager Prozeß dieser Tage durfte nicht einmal der Vertreter der KPF teilnehmen.

Ihr Antrag, den Prozeß zu beobachten, wird als Provokation aufgefaßt werden. Sie wollen den Prozeß beobachten? Sie wollen Ihren Kollegen berichten? Sie haben also bereits eine Fraktion gebildet und werden Ihrer Fraktion Ihre Auffassung mitteilen. So wird über Ihren Antrag geurteilt werden. Sie scheinen immer noch nicht diesen H. zu kennen. Er hat eine gute Schule hinter sich. Sein Lehrer hat in seiner Jugend in einem jesuitischen Seminar gelernt.

Karl-Heinz, ziehen Sie sofort den Antrag zurück, wenn es noch geht. Für die dort ist das ein Schlag ins Gesicht: Ich, KHJ, will eure Gerechtigkeit kontrollieren. Haben Sie noch nicht genug gelernt? Habe ich Ihnen nicht schon alles erzählt? Ziehen Sie Ihren Antrag zurück, ich bitte Sie! Denken Sie an Pasternak. Die haben doch alle lauthals seine Ausbürgerung gefordert, seine Kollegen vor allem. Machen Sie sich doch...

Lieber Karl-Heinz, Sie sind sehr unvorsichtig. Ich fürchte, Sie halten nicht den Mund. Haben Sie die Nase immer noch nicht voll? Halten Sie doch endlich die Schnauze. Ich flehe Sie an, gehen Sie nicht auf diesen Kongreß. Ich weiß, Sie werden reden, und man wird Sie verhaften. Das ist ganz sicher. Haben Sie noch immer nicht genug?

Die Thomas-Mann-Novelle war nicht gerade Medizin für mich, wenn der Krebs auch rausgeschnitten ist und das Kobalt noch in mir steckt. Außerdem wiegt das Buch ein Kilo. Zweiundsiebzig Seiten quatscht diese alberne Witwe von ihrer weiblichen Wiedergeburt, vier Seiten ist dieses grauenhafte Gespräch der Professoren. Na ja, Th. Mann hat eben nichts von Kobalt gewußt. Aber ein Kitsch ist es doch.

Also noch mal, Karl-Heinz, die Schnauze halten, kleben Sie sie mit Leukoplast zu. Das ist meine große Bitte: Kein Kongreß. Ihre Absetzung steht ja sowieso fest, wozu noch...

Lieber Karl-Heinz, es fällt mir ungeheuer schwer, zu schreiben, nicht sosehr wegen des Kobaltschocks, sondern wegen meiner geprellten Schulter. Ich kann nicht liegen, nicht schlafen, ich kann immer nur im Sessel hocken. Das sage ich bloß, damit Sie verstehen, weshalb dieser Brief voller Tippfehler ist.

Sie haben nun indes Sotschi überstanden, diesen Treffpunkt aller Huren der Welt. Der Traumkurort. Vor fünfzig Jahren war es dort gut. Trotz der drohenden Malaria. Das Meer lag frei, endlose Ufer. Endlos allerdings bereits Anfang der dreißiger Jahre bis zu einem ziemlich weit erkennbaren Punkt. Wo Hunde kreisten, Wachen mit bereiter Waffe patroullierten in einem riesigen Kordon. Das war da, wo heute diese Kitschsanatorien stehen.

An diesen Hängen war es winters wie sommers »gesundheitsschädlich«. Die Zelte an den Hängen waren ständig unter Wasser. Man lebte im Wasser, arbeitete, schlief, aß im Wasser, das in Strömen vom Himmel goß. Nicht viele haben das überlebt. Einer von ihnen hat es mir erzählt.

Die Zwangsarbeiter haben das ganze Ufer damals befestigt. Die kilometerweiten Mimosenwälder dufteten damals, Ende der zwanziger Jahre, bis zu uns, die am Ufer spazierengingen. Denn ich war damals Patient in einem der wenigen Sanatorien dort. Das, in dem ich untergebracht war, gehörte dem Moskauer Stadtparteikomitee. Es gab damals wenig Zerstreuungen, und so versammelten wir uns Abend für Abend auf der Veranda und sangen alte ukrainische und russische Lieder, auch schöne Revolutionslieder.

Später auf Kolyma haben wir uns wieder getroffen, die einen, die im Sanatorium der Partei schöne Lieder sangen, und die andern, die damals schon im Lager saßen und von ferne hörten, wie schön wir sangen. Haben Sie übrigens mal bei Ihrem...

Lieber Karl-Heinz, ich freue mich sehr, daß Sie nicht zum Kongreß gehen. Was hätten Sie davon? Allein die Weiber dort. Die eine ist genauso ein Aas wie die andere. Und die dritte mit ihren Kitschromanen! In deren »Report« habe ich zeilenweise reingeguckt. Diese Idiotin macht aus ihrer bezahlten Spionage ein Heldenepos. Nachdem sie schon ein Dutzend kitschiger Erinnerungen in miserablen »Jugendbüchern« verarbeitet hat, breitet sie nun noch ihre Spionagescheiße vor uns aus. Die Leute, die wirklich unter schwersten Umständen gegen den Faschismus gearbeitet haben, ohne dafür ausgehalten zu werden, die verschweigt man. Ein feines Trio, die drei.

Die Liste der eingeladenen Gäste (nicht, wie Sie schreiben: Delegierten) habe ich gelesen, auch Ihren Namen. Gut, daß Sie abgesagt haben.

Über Ihren Casanova läuft jetzt ein phantastischer Film. Leider zu viel Weibergeschichten. Der Mann war doch vor allem ein Universalgenie und ein unerhört kühner Mensch. Lesen Sie bloß seine Flucht aus den Bleikammern. Ich muß Schluß machen. Mir geht es schlecht. Alles...

Lieber Freund, die Geschichte der deutschen Kommunisten ist so oft und von den verschiedensten Menschen geschrieben worden. Was 1921 oder 1924 verfaßt wurde, ist weit entfernt von dem, was heute zum Thema zu sagen wäre. Wann hat es jemals eine Parteigeschichte gegeben, die immer dieselbe Bedeutung behielt? Wie viele entgegengesetzte Auffassungen stritten miteinander, wieviel wurde totgeschwiegen, bekämpft, wie viele Namen sind verschwunden, anderswo aufgetaucht oder für immer verloren. Man muß die zahlreichen Kämpfe innerhalb der Partei miterlebt haben, um zu begreifen, daß es keine »wahre« Parteigeschichte gibt.

Die Milchkanne, der Brotteig, alles

Jetzt zu Ihrem neuen Buch, schrieb Mäd, dessen Inhalt Sie mir erzählten. Der Gedanke, sich von der Welt abzukapseln, mit niemandem mehr zu sprechen, ist nicht neu. Es gibt viele literarische Vorlagen, sowohl für einzelne Menschen als auch für ganze Gruppen, die mit der Umwelt zerfallen sind, in Bitterkeit alles aufgaben, sich in tiefe Wälder zurückzogen, der Menschheit entsagten, aus welchen Gründen auch immer, zum Beispiel bei Korolenko, zum Beispiel bei Arsenjew: »Dersu Usala« lebt allein in der Taiga, zerworfen mit allen, ist er weggegangen. Auch in der Taiga läßt er keinen Menschen an sich heran. Er denkt nach, lange, bis er eines Tages zurückkehrt.

Ein bemerkenswertes Buch. Weshalb hat es Ihrem Blach die Sprache verschlagen? Sie sagen darüber nichts. Doch ich glaube kaum, daß er ein starker Charakter ist. Auch klug ist er wohl kaum. Es gab einzelne, es gab Gruppen, die sich isolierten, denken Sie an die russischen Altgläubigen, die in die Wälder wanderten. Große Teile des Volkes entsagten ihrem geordneten

Leben, verfielen in Schweigen, jedenfalls ist das Thema des Entsagens der Sprache, aus welchen Gründen es auch geschah, in der Literatur reich vertreten.

Aber Sprache ist die unmittelbare Wirklichkeit des Gedankens, sagt Marx. Hat Blach keine Gedanken außer auf sich selbst gerichtet? Keine Gefühle als Wut, Erbitterung, weil man seine Persönlichkeit nicht so einschätzt, wie er glaubt, daß man ihn einschätzen müßte? Es gibt keine Sprache der Kommunikation, nur die der Denunziation?

Mein Gott, was für ein negativer Mensch, wie unweise, wie in sich und in seiner von ihm geschaffenen Welt begraben. Nun, ich kenne das fertige Buch nicht, aber was Sie mir davon geschrieben haben, mißfällt mir ungemein. Sie meinen, es würde mir nicht zusagen, weil es in seinen sexuellen Beziehungen sehr offen (was heißt offen, roh?) und unverblümt zugeht?

Das wäre kein hinreichender Grund, obwohl ich solche Beschreibungen in der Tat nicht schätze. Ich finde sie zumeist einfach unästhetisch, reißerisch. Meist sind es Konzessionen an einen vermeintlichen Jugendgeschmack. Nicht die Sexualität in literarischen Werken verabscheue ich, sondern den billigen Zeitgeschmack.

Ein Buch gegen die Sprache? Die Sprache ist nicht an Klassen gebunden, sie wird nur von ihnen beeinflußt. Doch bleibt sie eine gesellschaftliche Erscheinung und dient dem Austausch des Denkens unter Menschen. Je höher entwickelt die Sprache, desto wertvoller. Und keine Denunziationen werden den wahren und hohen Wert der Sprache, die höchste Errungenschaft des Menschen, vermindern.

Weshalb wird Ihr Blach andauernd denunziert? Als würden wir nur noch in einer Welt von Denunziationen leben. Lieber Gott, hat es je eine Zeit gegeben, ohne daß denunziert wurde? Seien Sie nicht gekränkt, wenn ich Sie vielleicht in manchem mißverstanden haben sollte. Ich habe eine hohe Meinung von Ihnen und Ihren Fähigkeiten und fürchte nur, Sie könnten sich in Ihrer Situation...

Lieber Karl-Heinz, für Ihren sehr informativen Brief danke ich herzlich. Sie sind für mich das »Fenster zur Welt«. Daß ich sehr isoliert lebe, ist verständlich. Wer braucht einen kranken, fast tauben Menschen? Nicht, daß ich mich beklage, es ist alles naturgemäß. Wäre der Hörapparat einfacher und vor allem verläßlicher, so könnte ich bisweilen etwas plaudern, vielleicht aufschlußreiche Gespräche führen, im Cafe, in der Gaststätte. Nicht gerade neue Bindungen gewinnen, nein, das geht natürlich nicht, aber doch ein paar Gesichtspunkte erfahren.

Haben Sie die letzte »Romanzeitung« gelesen? Wenn nicht, tun Sie es. Daß die Ungarn, die Tschechen und die Polen viel offenherziger malen, erfinden, filmen und schreiben, ist unbestrittene Tatsache. Man druckt dort auch alles. Ervin Sinko beispielsweise ist in Jugoslawien und in Ungarn ein populärer Schriftsteller. Doch in dieser Romanzeitung kommt jetzt ein jüngerer zu Wort, von dem wir bisher nichts wußten. Leider habe ich seinen Namen vergessen, verzeihen Sie, ich bin alt, wissen Sie.

Weshalb schreibe ich Ihnen das? Er ist ein Schriftsteller, der die Sexualität literarisch so verarbeitet, wie auch Sie es tun: dicht mit dem Text verwoben, ohne an die niedrigsten Instinkte im Menschen zu appellieren, und trotz der drastischen Sprache nicht obszön. Im Gegenteil, oft amüsant, so wie Sie es mir sagten: Teil des Inhalts und nicht wegzudenken. Dabei ist es ein unerhört politisches Buch.

Es ist im tiefsten Grunde ungeheuer pessimistisch. Der Schluß, durchaus logisch, machte mich betroffen. Bei uns wäre das Buch eines unserer Leute mit einer solchen Alternative nie erschienen. Es aus dem Ausland nachzudrucken, das trauen die sich.

Warum nennen Sie mich und K. H. im letzten Brief in einem Atemzug? Ich war einfach vor den Kopf geschlagen deswegen. Wie konnte es Ihnen vorkommen, als hätten K. H. und ich etwas Gemeinsames. Der ist über dieses Buch sicher entrüstet, wahrscheinlich ist es ihm zufällig durch die Lappen gerutscht. Gesundheitlich geht es mir nicht besser. Genug für heute. Freue mich auf...

Lieber Karl-Heinz, die Strahlenstöße, die ich nachts unvermittelt erhalte, tragen immer irgendein Bild. Heute war es Ihr grünes Auto, das völlig geräuschlos, langsam sich fortbewegend, einen halben Meter über der Erde schwebte. Ich weiß nicht einmal, ob jemand drinsaß. Mein Traum war eine späte Reaktion auf die Episode, von der Sie mir vor einiger Zeit schrieben. Es muß eine seltsame Empfindung gewesen sein, zu spüren, wie der Wagen sich vom Erdboden löste und, ohne daß Sie es verhindern konnten, auf einer tieferen Ebene weiterfuhr.

Ich habe ruhige, freundliche »Weihnachts«feiertage

verbracht. Mir sind Bräuche dieser Art absolut fremd, am meisten ärgert es mich, daß an solchen Tagen alles geschlossen ist. Nicht mal ein Cafe war offen. Total verrückt. Albern das Ganze. Man zwingt Leute wie mich, auf ihren Mittagstisch zu verzichten. Wenigstens ein gutes Fernsehprogramm war am 24.

Mit etwas Sehnsucht dachte ich an die Vorstellung vom »Blauen Vogel« im Moskauer Kindertheater. Sie war unvergeßlich. Alles lebte, die »Dinge« lebten tatsächlich. Sie schlossen sich alle dem Marsch der Kinder an: die dicke Milchkanne, der Brotteig, alles. Die Reihe wurde immer länger, je mehr die Kinder »die Dinge« entdeckten.

Wir Zuschauer, Kinder, Eltern und solche einzelnen wie ich, waren verzaubert. Später hab ich Natalie Saz selbst kennengelernt. Wir sprachen davon, für die oberen Klassen Märchen in deutscher Sprache für die Bühne zu bearbeiten. Väterchen schob dem allen einen Riegel vor.

Alles Gute zum Neuen Jahr.

Vor einem Jahr wurde ich operiert. An meinem Zustand hat sich nichts gebessert. Ansonsten bin ich »auf der Suche nach der verlorenen Zeit«. So long, Ihre Mäd.

Beginnen wir vom Ofen an

Als ich fünfzig wurde, machte ich mir eines Tages Sorgen um das Leben und die Zukunft. Nichts Außergewöhnliches war geschehen. Kriege wie eh und je. Hungersnöte, Arbeitslose, Unglückliche, die im Niemandsland an der Grenze nachts auf eine Mine robbten und in Stücke gerissen wurden, oder sie rannten im Zickzack wie Hasen und wurden wie Hasen abgeknallt. Hier eine Revolution und dort eine Konterrevolution. Im nördlichen Eismeer die 9. amerikanische Flotte und im Mittelmeer die sowjetischen Seestreitkräfte.

Nichts hatte sich geändert in der Welt. Nach wie vor kauften Araber und Israelis Waffen von Amerika, Äthiopier und Somalis Waffen von den Russen. Nach wie vor bauten sie an ihren Atombomben in Brasilien, Pakistan, Nevada, Irak, Indien, Monaco und Kasachstan. Alles wie immer. Es gab nur einen Unterschied zum Vortag. Ich war fünfzig geworden, meine Enkel wuchsen heran, und ich stellte fest, ich wußte auf ihre Fragen keine Antwort.

All die vielen Jahre. Was hatten wir uns gedreht und gewunden, um Antworten zu finden. Kaum hatten wir in der einen Frage das Gewissen beruhigt, tauchten zehn neue auf. Kaum waren wir mit dem einen Übel fertig geworden, kroch schon das nächste heran in abscheulicherer Gestalt.

Wir hatten uns auf ein Leben eingerichtet, das etwas wert war, und eines Tages wachten wir auf und stellten fest, wir lebten mit der Bombe, mit der Ehe, mit der Mauer. Auf welch letzte schäbige Kompromisse hatten wir uns eingelassen? Menschenskind, was sollten wir denn tun? Konnten wir die Bombe abschaffen? Was hatte es uns genützt, daß Wir-Fünfhundert-Millionen damals den Stockholmer Appell unterschrieben? Frag mal heute jemand von den zornigen Knaben und

Mädchen, was das damals war. Wissen die nicht. Nicht die schwächste Vorstellung haben sie davon, daß wir schon 1950 gegen die Atombombe waren. Kriegen es auch nicht in der Schule zu hören. Weder im Osten noch im Westen.

Also leben wir mit der Bombe seit fünfunddreißig Jahren. Das ging damals alles ruck, zuck. Koreakrieg. Blockade. 17. Juni. Währungsreform. Dien Biën Phu. Ungarn. Gazastreifen. Stalin tot. Loest im Knast. Luftbrücke. Adenauer-Geburtstag. Ulbricht-Geburtstag. Des Teufels General.

Der große Verrat. Chruschtschow kommt. Nagib verschwindet. Vollkollektivierung. United Fruit Company übernimmt die Macht. Kalter Krieg. Ost-Büro der SPD. Berija. Burianek. Dertinger. Globke. Jeder Name ein Symbol. Und eines Tages wachten wir auf, und die Mauer war da. Mit der wir nun auch schon zwanzig Jahre leben.

Ein russisches Sprichwort heißt: Beginnen wir, vom Ofen an zu tanzen. Es bedeutet: Wir sind aus dem Takt gekommen. Wenn wir die durcheinander geratenen Tanzfiguren auflösen und uns neu aufstellen, am Ofen nämlich, wo der Tanz ursprünglich begann, dann könnte man hoffen, daß unser Fest, sowenig Freude es uns bisher gemacht, vielleicht doch noch glimpflich endet. Es brauchten nicht alle an unserem Fest Beteiligten dazu bereit zu sein. Es genügte, wenn einige Beherzte sich neu am Ofen aufstellten und den Tanz im richtigen Rhythmus fortsetzten.

Das Sprichwort in seiner vielschichtigen Bedeutung garantiert nicht den Erfolg des vorgeschlagenen Verfahrens. Für viele, die an unserem Fest beteiligt sind, wäre es lächerlich, den Tanz neu zu beginnen, da doch jeder weiß, es ist alles längst gelaufen. Die wenigen Beherzten müßten in Kauf nehmen, daß sie angepöbelt werden, bedroht, ausgelacht und angeschwärzt. In dieser Situation befinden wir uns heute. Es ist gleich, was wir tun, wir können nur noch falsch handeln. Dann können wir auch am Ofen anfangen zu tanzen.

Wie es zur Mauer kam, das erklärte uns Ulbricht 1961:

»Die deutschen Militaristen verschärften ihre Diversionstätigkeit gegen die Deutsche Demokratische Republik als Vorbereitung einer Aggression. Sie organisierten mit allen ihnen zur Verfügung stehenden Mitteln den Menschenhandel und die Diversion. Sie scheuten selbst vor den abscheulichsten Verbrechen gegen die Menschlichkeit nicht zurück, um ihr Ziel zu erreichen, die DDR zu unterminieren und sturmreif zu machen. Uns sind Pläne der Bonner Regierung bekannt. Sie liefen darauf hinaus, durch eine auf die Spitze getriebene Störtätigkeit solche Bedingungen zu schaffen, um nach den westdeutschen Wahlen mit dem offenen Angriff gegen die DDR, dem Bürgerkrieg und offenen militärischen Provokationen beginnen zu können.

Es war klar, daß angesichts solcher Abenteurerpläne und der bereits auf vollen Touren laufenden Vorbereitungen zu ihrer Durchführung eine Situation heranrückte, die dem Frieden in Europa und der Welt sehr gefährlich hätte werden müssen. Um diese Gefahr für den Frieden unseres Volkes und auch der anderen

Völker zu beseitigen, haben wir uns rechtzeitig mit unseren Freunden verständigt und uns darauf geeinigt, die gefährliche Situation zu bereinigen. Die Maßnahmen unserer Regierung haben dazu beigetragen, den in diesem Frühherbst 1961 durch die westdeutschen Militaristen und Revanchepolitik bedrohten Frieden in Europa und der Welt zu retten. Mögen auch die Bürger Westdeutschlands begreifen, daß es sehr wohl möglich ist, daß ihnen durch unsere Maßnahmen das Leben gerettet wurde.«

Das waren Ulbrichts Worte.

Nun werden Sie nicht noch pampig

Fünfzehn Jahre danach aber erklärte mir ein damals Einundzwanzigjähriger:

»Ich war drei Jahre bei der Fahne. Unteroffizier. Hatte mich verpflichtet. Damals war ich noch sehr überzeugt von allen möglichen Dingen. Von allem, was sie uns in Staatsbürgerkunde erzählt hatten. Daß die Mauer für die Verteidigung da ist und daß die Westdeutschen uns überfallen wollen. Meine Eltern sind ja beide in der Partei, und die haben auch so geredet. Nicht andauernd, aber manchmal schon.

Bis zu einem gewissen Alter hat man noch gar keine eigene Meinung, sondern man übernimmt die Meinung von Älteren. Daß man sich eine eigene Meinung bildet, kommt erst später. Bei mir fing das an, als ich zur Grenze gezogen wurde. Da hab ich zum erstenmal den ganzen Aufbau der Mauer gesehen. Die haben immer gesagt: antifaschistischer Schutzwall. Aber die ganze Sache war verkehrtrum gebaut. Ich bin zwar kein Baufachmann, aber daß sie die verkehrtrum gebaut hatten, sah ich sofort. Alle sahen das. Die war so gebaut, daß von unserer Seite praktisch keiner rüberkonnte. Aber von drüben hätte alles rüberrollen können, was sie so hatten.

Da fing's bei mir langsam zu dämmern an. Vorher hatte ich die Mauer noch nie gesehen. Und jetzt sah ich mit einemmal, daß es gegen unsere eigenen Leute ging. Bis dahin hatte ich immer gedacht, die Mauer, das ist der antifaschistische Schutzwall. Aber dazu hätte er andersrum gebaut sein müssen.«

Dann hat mir 1971 eine Berlinerin ihre Lebensgeschichte erzählt, und als sie auf die Mauer zu sprechen kam, sagte sie folgendes:

»Ich habe in West-Berlin gelernt. Aber nur zweieinhalb Jahre. Dann kam der 13. August. Ich war verzweifelt. Aber meine Mutter sagte, die werden uns schon wieder durchlassen. Müssen sie ja, denn du hast doch eine Lehre drüben. Die kannst du nicht abbrechen. Da hab ich gesagt, du, die lassen uns nicht. Ach, sagte sie, wir haben schon so viel erlebt, und irgendwie hat's immer einen Weg gegeben. Aber es gab keinen Weg. Für meine Eltern später ja, aber nicht für mich. Ich war also gezwungen, in der DDR zu bleiben und mir eine Arbeit zu suchen, denn meine Lehre erkannten sie hier nicht an. Aber eine Lehrstelle gaben sie mir auch nicht.

Das war damals so. Ich war Grenzgänger, und Grenzgänger mußten sich bewähren. Ich mußte erst das Vertrauen des Staates wiedergewinnen. Also, ick dachte, ick werd' nich mehr. Also, dit mach ick nich. Dann, sagte der, müssen Sie sehn, wie Sie zurechtkommen. Wir helfen Ihnen nicht. Wir haben alle Lehrstellen mit unseren Lehrlingen besetzt. Sie brauchen wir nicht. Wozu sie denn die Mauer gebaut hätten, fragte ich, und wenn sie mich nicht haben wollen, könnten sie mich doch gehn lassen.

Nun werden Sie nicht noch pampig, sagte der, sonst lernen Sie mal eine Arbeiterfaust kennen. Natürlich könnte ich in der Landwirtschaft arbeiten oder auf dem Schlachthof. In der LPG Achter Mai Rüben ziehen oder Kartoffeln zählen. Oder auf dem Schlachthof das Fleisch von den geschlachteten Tieren von einer Stelle zur anderen schleppen. Ein Jahr hab ich das gemacht. Vor allem, weil meine Eltern keinen Verdienst hatten. Sie haben allerdings bald die Ausreise gekriegt, da sie schon im Rentenalter waren. Und da ich eben volljährig geworden war, durften sie mich nicht mitnehmen. Meine Eltern also rüber und ich hier auf dem Schlachthof.

Damals lernte ich Jürgen kennen. Tüchtiger Mann. Rechtschaffen. Nur hatte ich ihn nicht lieb. Ich war damals durch die Mauer so deprimiert, daß ich mich an jeden Strohhalm klammerte.«

Wiederum Personen-, Zeit- und Raumwechsel. Ein englischer Kommunist erhält nun das Wort. Als ich mit ihm über die Mauer sprach, schrieben wir das Jahr 1965. Die Mauer gab es schon seit vier Jahren:

»In der ›Times‹ steht, zweieinhalb Millionen sind nach dem Westen geflohen. Stimmt denn das? Ich kann es nicht glauben. Sie haben in Ihrem Land einen schweren Start gehabt, und das Volk ist oft ungeduldig und ungerecht, aber diese hohe Zahl würde bedeuten, daß Jahr für Jahr die Einwohnerzahl einer Großstadt das Land verlassen hätte.

Was glauben die wohl, was der Kapitalismus ihnen bieten kann? Arbeitslosigkeit, Inflation, steigende Preise und Unternehmerwillkür. Aber wenn das stimmt mit der Zahl, dann ist es klar, daß sie die Mauer bauen mußten. Das kann sich kein Land leisten, so viele Leute zu verlieren. Auch England könnte das nicht. Natürlich käme in England keiner auf die Idee, eine Mauer zu bauen. Das würde einen Volksaufstand ergeben. Aber die Regierung würde einen anderen Dreh finden, um die Leute nicht von der Insel runterzulassen. Irgendwas würden die finden. Ich denke, das mit der Mauer bei Ihnen, das ist wohl nur eine Übergangssache. Dauert sicher bloß so lange, bis sie im Lande die Wirtschaft stabilisiert haben. Denn wenn es bei Ihnen erst auf Hochtouren läuft, keine Arbeitslosen, keine Inflation, keine steigenden Preise und keine Unternehmerwillkür, dann werden sich die Leute bei uns ganz schön umgucken. In ein paar Jahren wahrscheinlich schon, höchstens zehn. Dann kommen jedes Jahr 200000 über die Grenze zu Ihnen. Und Sie werden dann wieder die Mauer brauchen. Diesmal, um den Ansturm der verelendeten Massen aus den kapitalistischen Ländern einigermaßen in Grenzen zu halten.«

Das geht alles durcheinander im Moment. Um der Sache wieder ein bißchen Halt zu geben, zitiere ich eine Philosophin, die beklagt, daß mit dem Untergang des Kleinbürgertums auch dessen Werte untergehen:

„Politischer Fortschritt hat zunächst immer Rückschritt im Ästhetischen zur Folge. Wenn ich an den Ort meiner Kindheit denke. Was gab es da alles an kleinbürgerlicher Kultur, an Gesellschaft, an diffizilen Lebenszusammenhängen, an Differenzierungen, an Beziehungen zu Natur und Umwelt. Das ist alles gestorben und vergangen.

Ganze soziale Schichten sind verkommen. Die Leute haben seitdem nie wieder zu sich selbst gefunden. Sie fristen heute ein kümmerliches Leben. Haben sich angepaßt. Werden sich nie wieder zu den Aktivitäten aufschwingen können, zu denen sie früher fähig waren.

Es ist gar nicht so wichtig, ob man in zweihundert Jahren noch von Sozialismus oder von Marxismus redet, das sind Modewörter. Hauptsache, die Menschen sind dann gleich und frei.

Es wird bis dahin eine gegenseitige Durchdringung stattfinden. Sozialistische Strukturen der Gegenwart und Zukunft werden von der bürgerlichen Demokratie durchdrungen und umgekehrt. Und zwar nimmt jeder vom anderen immer das Beste. Genaugenommen ist der Pluralismus ebensolcher Beschiß am Volke wie der reale Sozialismus. Er hat den Vorzug, daß er eine Vielzahl von Haltungen, Gruppen, Aktivitäten eine Chance gibt. Das meiste geht gleich wieder zugrunde, und nur ganz wenige Ideen werden dauerhafteren Einfluß ausüben.

Das ist für unsere regierenden Pragmatiker ein viel zu langwieriger Prozeß. Sie wollen rasche, billige Erfolge, die aber alle in Katastrophen enden, weil sie auf Stückwerk zielen und nie aufs Ganze. Sie wissen ja bald nicht mehr, mit welchen Lügen sie das Volk noch länger hinhalten können. Und so greifen diese Einfaltspinsel zum Nächstliegenden: Sie sperren das Volk ein.

Vorexerziert haben es ihnen die Russen. In der Sowjetunion können die Leute freizügig im eigenen Land nicht umherreisen. Ihre Personalausweise sind eingeschlossen in den Safes der Dorfsowjets. Wenn einer weg will, muß er erst Formulare ausfüllen und erklären, wozu er verreisen will und warum ausgerechnet jetzt. Unsere möchten dasselbe mit uns machen, trauen es sich aber noch nicht ganz.

Die Mauer haben sie nun schon zwanzig Jahre. Und was sehen sie? Das Volk bleibt ruhig. Nach zwanzig Jahren immer noch Ruhe, das stell dir mal vor. Eine Lähmung hat die Leute befallen. Wie hypnotisiert starren sie auf die Obrigkeit. Und die Obrigkeit, da kannst du sicher sein, hat schon ihre nächsten Pläne in der Schublade. Und wenn sie die herausziehen und entschlossen danach handeln, werden wir wiederum zittern und zusammenzucken und ohne Schutz dastehen, denn die bürgerlichen Regierungen werden auch dann wieder alle Hände voll zu tun haben, die eigenen Verbrechen zu vertuschen.«

An der Mauer auf dem Hoheitsgebiet der DDR

herrschen nach nunmehr zwanzig Jahren bürgerkriegsähnliche Zustände. In den zwanzig Jahren ist das Gegenteil von dem eingetreten, was die Regierung feierlich geschworen hatte. Die Öffnung nach Osten ist nicht verwirklicht worden. Statt dessen ist das Land immer kleiner geworden. Nach Jugoslawien dürfen nur Privilegierte. Wir hätten vor fünf Jahren in die Herzegowina fahren können, aber unseren kleinen Sohn hätten wir als Geisel zurücklassen müssen.

Reisen nach Ungarn und Bulgarien werden immer deprimierender. Dort gilt Gastfreundschaft nur für Leute mit Westwährung. Aber selbst wenn Leute aus Dessau oder Rostock sich überwinden, Diskriminierung und Polizeiaufsicht ertragen wollen, eine Reise in den Kaukasus, ans Schwarze Meer, in den Böhmerwald, an den Plattensee oder nach Siebenbürgen buchen, kann ihnen der Urlaub dort ohne Angabe von Gründen verboten werden. Jeder Antrag im Reisebüro wird vom Staatssicherheitsdienst geprüft und nach geheimen Kriterien zugelassen oder abgeschmettert.

Was haben die mit uns gemacht? Was haben wir mit unserem kostbaren Leben angestellt? Als ich siebzehn war, las ich Bertha von Suttner. Welcher Siebzehnjährige kennt heute diesen Namen? Sie schrieb vor fast hundert Jahren ihr Jahrtausendbuch: »Die Waffen nieder!« Wir haben nichts Vergleichbares vorzuweisen. Das Wort »Pazifist« ist zum Schimpfwort geworden. In West wie in Ost.

Kürzlich war ein Schriftstellerkongreß in Wesel, und zur selben Zeit verbrüderten sich dort das 150. Raketenartilleriebataillon der Bundeswehr mit dem

50. Raketenregiment der Königlich Britischen Artillerie und dem FAD der USA. Ich weiß nicht, was FAD ist. Wahrscheinlich hat auch das mit Raketen zu tun. Jedenfalls konnte ich aus diesem Anlaß meinen Kollegen den Unterschied zwischen dem Schriftstellerverband der DDR und dem Verband Deutscher Schriftsteller in der Bundesrepublik erläutern. Fände in Dresden eine Verbrüderungszeremonie zwischen Volks- und Roter Armee zur selben Zeit mit dem Kongreß statt, so würden die Schriftsteller dort ein Grußschreiben an die Soldaten verfassen und einen Dichter zu den Waffenbrüdern delegieren, der ihnen kriegerische Verse vorliest.

In Wesel war es anders. Wir sahen uns vom Aufmarsch der Soldaten provoziert und beschlossen, etwas dagegen zu unternehmen. Alte und junge Dichter trugen zornige Texte und Verse vor gegen Krieg und Raketen. Verbrüderten sich mit Raketengegnern, die auf dem Marktplatz direkt hinter den ordengeschmückten und mit Federpuscheln verzierten Traditionsverbänden ihr Spruchband entfaltet hatten: »Entweder wir schaffen die Rüstung ab, oder die Rüstung schafft uns ab.«

Inzwischen hatten andere Kongreßteilnehmer auf ein zehn Meter langes Transparent den Satz geschrieben: »Schriftsteller für den Frieden.« In dichtgedränger Reihe trugen wir nun das entfaltete Transparent zum Marktplatz. Aber die Straße war dafür zu schmal, und wir mußten es in schräger Formation transportieren. Ein Radfahrer, wahrscheinlich zu Weib und Kind nach Haus unterwegs, wurde von uns überrollt. Ich drehte mich noch um und sah, wie er sich erhob und verdattert sein Fahrrad aufhob. Er hatte gar nicht mitgekriegt, daß hier Schriftsteller für den Frieden demonstrierten.

Dann kamen wir in die Fußgängerzone mit Laternenmasten überall, zwischen denen wir uns mit unserem entfalteten Spruchband verhedderten. Mit Mühe gelang es, das verschlungene Papier zu entwirren, ohne daß es allzu großen Schaden nahm. Als wir endlich auf dem Markt ankamen, hatte das Militär seine Veranstaltung längst beendet. Die Zuschauer waren weg, und nur wenige Passanten sahen erstaunt zu, was die Schriftsteller da mit dem langen Papiertransparent anstellten. Einmal stand uns ein Auto im Weg, dann rannten uns Bürger ins Plakat.

Ein Weseler näherte sich hinterher zutraulich und sagte, es wundere ihn gar nicht, daß Schriftsteller für den Frieden seien, gewundert hätte es ihn, wenn sie geschrieben hätten, »Schriftsteller für den Krieg«. Übrigens sei auch er für den Frieden, und wenn er den Kommandeur des Raketenbataillons richtig verstanden habe, so hatte der doch im Namen seiner Soldaten erklärt, daß auch er und seine Kameraden nichts anderes als den Frieden im Sinn hätten.

Würde es unter einer solchen Verwirrung des Verstandes heutzutage ein Verlag in Ost und West wagen, Bertha von Suttners »Die Waffen nieder!« zu drucken? Und wer würde so etwas lesen wollen?

Der Stechlin ist verstummt

Eines Tages fuhren wir hinaus zum See Stechlin, und er war immer noch so, wie Fontane ihn beschrieben hatte. Die flachen Ufer, die alten Buchen ringsum, deren Zweige, von ihrer eigenen Schwere gezogen, mit den Spitzen die Wasserfläche berührten. Zwar sangen Vögel, aber auf dem See kein Schwimmer und kein Kahn. Alles war still hier. Mit schwermütiger Besorgnis sahen wir auf die Wasserfläche und warteten darauf, daß sich etwas rege, daß vielleicht ein Wasserstrahl aufspringe oder daß es gar brodele, daß es sprudele und strudele, und ein roter Hahn tauche auf aus der Tiefe und krähe laut ins Land hinein: Die Erde bebt.

Es war die Zeit der Vulkanexplosionen, Bomben, Kernwaffenversuche, Erdbeben, Raketenstarts und der Millionen Toten in Asien, Amerika und Afrika. Aber die alte Mechanik des Sees schien nicht mehr zu funktionieren. Was sich an großen Katastrophen auf anderen Weltteilen ereignete, spielte sich im kleinen nun nicht mehr auf dem See ab. All seine Quellen, die seine kleine Wasserfläche mit Kontinenten und Ozeanen verbanden, schienen verstopft. Nichts mehr berührte den sensiblen See. Eine weitere Verbindung zur übrigen Welt war kaputt. Ein weiteres Mal gedemütigt, wandten wir uns um und machten uns auf den Heimweg.

Da hörten wir es. Ein schwaches Summen in der Luft. Hatte der See seine Mechanik geändert, modernisiert vielleicht? Vielleicht brodelte der See nicht mehr auf seine altmodische Weise bei großen Katastrophen, vielleicht hatte er sich auf Luftvibrationen umgestellt, signalisierte nun auf moderne Art den Tod in der Welt.

Und während wir noch darüber nachdachten beim Spazieren und während das Summen, das einem ins Unendliche klingenden Kammerton ähnelte, näher und näher kam, oder näherten wir uns ihm?, tauchten plötzlich aus dem Waldesgrün mächtige graue Schatten auf. Ein Betonklotz ohne Fenster, ohne Menschen, ohne Tür und ohne Dach. Von dort kam der verführerische Ton.

Wir wollten noch etwas näher treten, um sicher zu sein, daß wir nicht halluzinierten. Ein schlichter, kaum zwei Meter hoher Zaun aus Maschendraht verhinderte es. Wir schauten uns um nach einer Inschrift, daß sie uns Auskunft gebe. Vergebens. Was mag da wohl versteckt sein hinter Beton, und was geht da vor, daß es so seltsam tönt? Spaßiges sicher nicht, aber allzu Ernstes sicherlich auch nicht. Am Zaun keine Isolatoren, hinter dem Zaun keine Hunde am Laufdraht und vor dem Zaun kein Polizist. Erst nach längerem Hin und Her und nachdem wir uns vergewissert hatten, wo wir uns befanden, in welcher Zeit und unter welchem Stern, kam uns der befremdliche Gedanke, daß wir hier wohl vor dem Kernkraftwerk Rheinsberg standen.

Wir hatten es nicht, von Sorgen gequält, gesucht. Nicht Verantwortungsbewußtsein vor der ungewissen Zukunft mit Atomreaktoren hatte uns hierhergetrieben. Aus nostalgischem Übermut waren wir zum

Stechlin gefahren, zufällig sahen und hörten wir es. Nun standen wir da. Die anderen Spaziergänger im Stechliner Wald beachteten das Bauwerk nicht, weder bewundernd noch erschauernd. Was ist mit uns geschehen, dachten wir, sprachen es auch aus, daß sie so ganz und gar verstummt sind? Woher diese Gleichgültigkeit vor einer Technik, die wir nicht begreifen, vor einer Wissenschaft, deren Gefahren wir nicht überschauen, vor einer Regierung, die wir weder gerufen noch beauftragt haben und die das da für uns erdacht hat?

Woher kommt es, was im Innern des Betons so tönt, fragten wir uns da. Die lärmenden Zeitungen der Regierung schweigen sich darüber vollkommen aus, und deren Funk- und Fernsehstationen vermeiden jeden Hinweis. Wir sind auf Mutmaßungen angewiesen. Es wird der Eindruck erweckt, was da geschieht, sei ein Gottesgeschenk. Wo aber und wie wird es zwischengelagert? Auf welcher Straße kommt es an den Stechlin? Wo bleiben die radioaktiven Rückstände? Und wenn nun der Eisenbahnwaggon mit strahlendem Material entgleist? Das Flugzeug abstürzt? Der Fernlaster das Brückengeländer durchbricht? Das Schiff kentert? Der reitende Bote vom Pferd geworfen wird? Wir ahnen etwas. Aber sichere Nachricht, wer hat die schon?

Wir ahnen, ja, das Zeug kommt von irgendwo aus Sibirien, und wenn es ausgebrannt ist, dann geht es irgendwohin nach Sibirien. Vielleicht in den ewenkischen oder in den tschuktschenischen Nationalkreis? Dort an der Kolyma, können wir vermuten, wird der

Atommüll vom Stechlin sicher verstaut. Wir können also ruhig schlafen. Auch einen Protestmarsch der Ewenken oder Tschuktschen nach Rheinsberg brauchen wir nicht zu befürchten. Sie werden nicht weit kommen, denn zwischen ihnen und uns liegen 27 eisige Wüsten, 13 Gebirge, 31 reißende Ströme, 9 Schluchten und 72 kampfbereite Divisionen. Unter solchen Bedingungen protestiert sich's schwer.

Und letztlich wissen die Ewenken und Tschuktschen nicht mal genau, was da andauernd in ihrem Land verbuddelt wird. Auch bei ihnen dieser Gleichmut vor der unbegreiflichen Technik, vor der Wissenschaft, deren Gefahren unüberschaubar sind, vor der Regierung, die ewenkisches Land wie eine Besatzungsmacht verwaltet. So waren wir durch Zufall auf einen weiteren Beweis unserer Ohnmacht gestoßen. Der Zufall hatte uns mit dem Kopf darauf gestukt, wie Tierfreunde ihren Köter mit der Schnauze in den eigenen Unrat tunken, um ihn zu erziehen. Mir fielen ewenkische Gesichter ein, die ich im hohen Norden kennengelernt, tschuktschenische Lieder, die ich im Fernen Osten gehört hatte.

Die Leute dort hatten immer ernste Reden geführt über Robbenjagd und Fischfang. Es waren komplizierte Gespräche. Manchmal über zwei oder drei Dolmetscher.

Damals am Ufer des Stechlin, der verstummt war und der uns nicht mehr Nachrichten von Katastrophen auf fremden Kontinenten und in fernen Ozeanen übermittelte, sondern in dessen dunkler Wasserfläche sich die Bedrohung nun direkt widerspiegelt, spürte ich, daß wir fremd und fern einander, doch wie im unwissenden Mittelalter, wie aneinandergeschmiedet ratlos und hilflos ausgeliefert waren dem schimmernden Kometen, der über uns stand und der Pest und Cholera dort hinterließ, wohin sein Licht traf.

Letztes, nachträgliches Kapitel

Am 14. Dezember 1982 starb in Dresden hochbetagt die deutsche Schriftstellerin Dorothea Garai. Ihre Freunde nannten sie Dodo. Ich habe sie in diesem Buch Mäd genannt und alle Hinweise auf eine lebende Person so entstellt, daß die Frau, um die es hier geht, vor der Rache der Partei geschützt war. Der einzige Triumph ihres Lebens, das vorliegende Buch in Händen zu halten, war ihr nicht mehr vergönnt. Ich hätte schneller schreiben müssen, früher aus der DDR weggehen müssen, mehr daran denken müssen, daß ihr Leben nicht ewig währt. Lauter verpaßte Chancen.

Wenn ich heute zurückdenke an die Jahre unserer Freundschaft, so fällt mir auf, daß wir nie heiter waren. Nie gab es etwas zu lachen, nie freuten wir uns, nie spaßten wir, wir machten uns nicht mal über uns selbst lustig. Wir haben immer nur sehr ernst miteinander gesprochen. Sie war erbittert über die Leipziger Literaturprofessorin Trude Richter, die unter dem Titel »Die Plakette« eine Autobiographie veröffentlicht hatte, in der sie von ihrem revolutionären Leben berichtete, nicht aber davon, daß ihr Mann 1938 in der Sowjetunion ermordet worden war und sie selbst mehr als zwanzig Jahre in sowjetischen Konzentrationslagern an der Kolyma und in sibirischer Verbannung gelebt hatte. Sie war erbittert über ihren Freund Friedo Seydewitz, der mit achtzehn Jahren wie alle anderen Schüler und Lehrer der deutschen Schule in Moskau verhaftet wurde und unschuldig zwanzig Jahre lang im Zwangsarbeitslager und in der Verbannung dahinvegetierte. Nach seiner Heimkehr in die DDR wurde er Bezirksstaatsanwalt und damit verantwortlicher Ankläger in allen politischen Prozessen, die im Bezirk Dresden abrollten. Sie war erbittert über den ZK-Mann Alfred Kurella, der ihr schrieb: »Du hast mir mit all den ausführlichen Antworten auf meine Fragen eine außerordentliche Freude gemacht. Freude ist vielleicht nicht der richtige Ausdruck, denn die Inhalte Deiner Schilderungen, Deines Lebensweges, läßt ja seine gewiß auch vorhandenen und angedeuteten Freuden hinter den Leiden, die unsere Generation von Kommunisten durchgemacht hat (wobei das Wort Leiden wieder nicht der richtige Ausdruck ist), in den Hintergrund treten.« Und das schreibe ihr ein Mann, sagte sie, dessen Bruder in der Sowjetunion auf die grausigste Weise umgebracht wurde. Sie war erbittert über den Vorsitzenden des Schriftstellerverbandes von Dresden, Heinz Klemm, der sich in ihr Vertrauen geschlichen hatte, um mit ihrer Hilfe seine Zugehörigkeit zur Legion Kondor zu vertuschen. Auch über Anna Seghers führte sie die bittersten Klagen. Sie hatte ihr aus der Verbannung geschrieben und sie um Bücher gebeten. Frau Seghers aber kam offenbar nicht auf die Idee zu fragen, was eine sechzigjährige Deutsche in einer der entlegensten sibirischen Gegenden zu suchen hat. Im Gegenteil, sie selbst bat um Rat und Hilfe und für die Bücher, die Dodo bekam, schickte ihr der Verlag eine Rechnung. Nur einen gab es in ihrem Leben, den sie mit Sarkasmus verschonte, Hanns Eisler, mit dem sie 1920 eine Weile in Baracke 23 am Rande von Wien Tür an Tür gewohnt hatte.

Andauernd gingen ihre Manuskripte verloren. Die ersten in der Weimarer Zeit bei Redaktionen, die Einsendungen nicht zurückschickten und bei Nachfragen von nichts wußten. Die nächsten Papiere verschwanden bei ihrer Verhaftung 1937. Da war schon ein Roman dabei. Nicht ein einziges Blatt hat sie nach fast zwanzig Strafarbeitslager und Verbannung wiedergefunden. In der Zeit ihrer schwersten Leiden hat sie keine Aufzeichnungen gemacht, denn die hätten ihren Tod bedeuten können, wären sie gefunden worden. Nach Deutschland, in die DDR, zurückgekehrt, fing sie wieder an zu schreiben. Zu einer Zeit, als der Name Solschenizyns noch nicht bekannt war, schrieb sie Geschichten und einen Roman über den Archipel GULAG. Aber sie hatte keine Freunde, denen sie sich hätte anvertrauen können. Die Aussichtslosigkeit ihrer Arbeit vor Augen in einem Land, das seine Dichter wegen Geringfügigkeiten einsperrt und sie zum Schweigen verurteilt, aber auch aus Angst, wiederum bestraft zu werden, verbrannte sie ihre Werke. Wieder vergingen Jahre, die geprägt waren von Hoffnung und Zweifel, wieder schrieb sie sich ihre Angst von der Seele. Dem letzten Autodafé kam ich zuvor. Im rechten Moment konnte ich zwölf Lagergeschichten retten mit insgesamt 152 Seiten und 103 Seiten Nachdichtungen aus sibirischen Sprachen. Diese Blätter sowie 8 Briefe an mich, Abschriften eines Briefwechsels mit Alfred Kurella und 365 Seiten Tonbandprotokolle sind das gesamte gerettete Werk dieser Schriftstellerin.

Als sie am 18. Januar auf dem Heidefriedhof in Dresden beigesetzt wurde, tat man ihr noch eine Gemeinheit an. In der Grabrede wurden die Verbrechen, die das Stalinregime an ihr und Millionen andern Unschuldigen verübt hat, als »tragische Verzerrung der großen kommunistischen Ideale« bezeichnet, und über die Zeit ihrer Verbannung nach Tuwinien sprach man, als wäre sie freiwillig dorthin gegangen.

Bitte beachten Sie
die folgenden Seiten:

Margret Bechler

Warten auf Antwort

Ein deutsches Schicksal

Ullstein Buch 20390

ein Ullstein Buch

Dezember 1941. Major Bernhard Bechler nimmt Abschied von seiner Frau, seinen kleinen Kindern und geht freiwillig an die Ostfront. Seit diesem Tag hat Margret Bechler ihren Mann nicht wiedergesehen. Die »Bechler-Story« dokumentiert ein bewegendes Frauenschicksal, bestimmt vom Krieg und von der deutschen Teilung, die hier mitten durch die Familie ging.

Joachim
Seyppel

Die Mauer oder Das Café am Hackeschen Markt

Roman

Ullstein Buch 20368

ein Ullstein Buch

Der große Berlin-Roman und der Roman eines deutschen Schicksals, geschrieben von einem Wanderer zwischen Ost und West. Die Schauplätze sind Tatorte: das Berlin der 20er und frühen 30er Jahre, in dem Siegfried Dollfuß aufwächst inmitten einer zahlreichen Verwandtschaft aller politischen Schattierungen, wo sein Nenn-Onkel Niemzek (Kommunist) seinen richtigen Onkel (Nationalsozialist) erschießt; außerdem Pilsudski-Polen, das Spanien des Bürgerkriegs, Vichy-Frankreich und wieder Berlin, die geteilte Stadt mit der Mauer. Beide Protagonisten sind nach Ost-Berlin zurückgekehrt: der enttäuschte Amerika-Auswanderer Dollfuß und der Apparatschik-Karrierist Niemzek aus dem Moskauer Exil. Als sich die Wege des mächtigen ZK-Mitglieds und des heimatlosen linken Schriftstellers kreuzen, öffnen sich die Schleusen des nie eingestandenen, unüberwindbaren Hasses.

Willibald
Alexis

Ruhe ist die erste Bürgerpflicht

Roman

Mit einem Nachwort
von Ekhard Haack

Ullstein Buch 20519

ein Ullstein Buch

An einem Oktoberabend des Jahres 1806 sammelten sich in den Straßen Berlins aufgeregte Menschengruppen um ein amtliches Plakat, das den Bürgern der preußischen Haupt- und Residenzstadt verkündet: »Der König hat eine Bataille verloren. Jetzt ist Ruhe die erste Bürgerpflicht.« Diese letzten Worte, die der Graf von Schulenburg-Kehnert den Berlinern hinterließ, bilden den historischen Schlußstein eines der bedeutendsten deutschen Romane des 19. Jahrhunderts.

Andrej Platonow

Die Kutscher-vorstadt

Gesammelte Erzählungen

Ullstein Buch 20507

ein Ullstein Buch

Der Band enthält eine repräsentative Auswahl von Erzählungen des großen russischen Schriftstellers Platonow, der seit 1931 nicht mehr in der Sowjetunion gedruckt wurde. Er starb 1951 nach zwanzig Jahren des erzwungenen Schweigens.
Der Autor schildert vor allem die Randfiguren der Revolution – Bauern, Handwerker, Proletarier – und zeigt Rußland im Übergang nicht nur der sozialen Verhältnisse, sondern auch der Bewußtseinszustände.

Nikolaj Sarudin

Dreißig Nächte in einem Weinberg

Roman

Deutsche Erstausgabe

Ullstein Buch 20487

ein Ullstein Buch

Dieses originelle, sprachlich überaus eindrucksvolle Werk verdeutlicht die Probleme der Generation, die den Niedergang des Zarismus und den Aufbau der Sowjetmacht zu bewältigen hatte. Sarudin war führendes Mitglied der literarischen Vereinigung »Pereval« (Gebirgspaß), die ab Ende der zwanziger Jahre von Vertretern der offiziellen Kulturpolitik heftig angegriffen wurde.

Waltraud Anna Mitgutsch

Die Züchtigung

Roman, 208 Seiten, gebunden, Schutzumschlag

Dieses Zeit- und Lebensgemälde dreier Generationen ist mehr als Erinnerung. Es ist ein erschütterndes Nachdenken über Sehnsüchte und unerfüllte Wünsche, über Liebe und Haß, über das, was Menschen sich gegenseitig antun.
Meisterhaft erzählt entwickelt dieses Buch eine unheimliche Kraft. Man wird hineingesogen in Lebensstationen, aus denen es kaum ein Entrinnen gibt und man selber ist mittendrin.

Mit grausamer Offenheit schaut Waltraud Anna Mitgutsch zurück. Sie folgt den Spuren ihrer Entwicklung bis in die Kindheit ihrer Mutter hinein, die als ungewolltes, ungeliebtes Bauernkind in einem österreichischen Dorf, nahe der tschechischen Grenze, aufwächst, voller Lebensangst, vom Vater geschlagen, von den Geschwistern tyrannisiert, verschlossen und eigenbrötlerisch.